介護福祉経営士　実行力テキストシリーズ 7

よくわかる 地域包括ケアの理論と実践——社会資源活用術

中島康晴
特定非営利活動法人
地域の絆　代表理事

日本医療企画

「クライエント」の表記について

　本書では、私たちの社会福祉サービスを利用し、また必要としている人々のことを「クライエント」と表記しています。一般に、対象者や当事者、利用者などと呼ばれることもあるようです。また、介護保険制度に市場原理が導入されて以降、顧客やお客様と呼んでいる法人も見受けられます。私も実は、「クライエント」の表記が必ずしも最良の表現方法であるとは考えておりません。お世話をする側とされる側の関係が強く感じられる表現でもあるからです。かといって、上記に挙げたそれ以外の表記を用いるよりは、「クライエント」の方がまだ良い心証を抱いています。よって、消去法の発想ではありますが、本書では「クライエント」を用いることにします。さらに良い表現方法があれば、今後改めていくこととします。

「介護福祉施設」の表記について

　「介護福祉経営士　実行力シリーズ」の一冊として本書は位置づけられています。よって、介護福祉施設・事業所・機関・組織等のさまざまな形態や呼び方が想定されますが、これら何れにあるかにかかわらず、便宜上、すべてを「介護福祉施設」と統一表記しています。

はじめに　―すべての人々のあるべき暮らしを模索して―

　住み慣れた場所で自分らしく安心して暮らせることは誰もが願い得る人間の普遍的なニーズなのかもしれません。厚生労働省（以下「厚労省」という）の資料を拝借しても、たとえば、将来、施設等に入所を希望されている成人のうち、その理由の多くは、子どもに迷惑をかけたくないからという結果が示されています[※1]。つまり、自ら進んで、従来の生活環境と異なった環境での暮らしを多くの人々は望んでいないということになるのでしょう。

　また、住み慣れた環境での暮らしを継続するためには、本人の意思のみならず、周囲の環境がそれを受け入れる様態としてなければならず、つまり、その本人が要介護高齢者の場合は、周囲の理解や協力が不可欠になるといえます。要介護高齢者の周囲の環境を鑑みた際、家族や地域がそれに該当するものと思われます。要介護高齢者が、住み慣れた環境で暮らし続けるためには、家族や地域による理解や協力を促進していくことが要諦となるわけです。

　さらに敷衍（ふえん）していえば、家族や地域の行動規範は、社会全体の構造や価値規範に左右されているものなので、この取り組みは社会全体の課題として実践すべきものでもあります。究極論としては、生活課題を抱えている高齢者・障がい者・児童等が、住み慣れた環境での暮らしを継続するためには、社会全体が彼らを受け入れる構造や価値規範を共有していなければならないということになります。たとえば、認知症高齢者や障がい者に対する差別や偏見が社会の価値規範として存在する場合、それらを変革していかない限りは、彼らの地域における豊かな暮らしは実現し得ないということになるでしょう。

　昨今、各地の人権学習会などの講師を引き受ける回数が増えて

きました。その表題の多くは、「誰もが安心して暮らせるまちづくり」といった要旨でした。私は、この表題の中で最も重要なことは「誰もが」にあると伝えます。「一部の地域住民が」では断じてありませんし、「多くの地域住民が」でもありません。また、限定された地域や集団内における構成員としての「私たちの」でもないのです。まさに、すべての人間を示す「誰もが」が重要なのだと伝えます。

同じ社会の構成員である以上、私たち一人一人の「私益」と、他者および社会全体の「公益」は必ずどこかでつながっているはずです。誰かの悲しみは、何処かで自らの悲しみへとつながり、誰かの喜びは自らの喜びへと変わることがあるからです。私が子どもたちに是非読んでもらいたい本があります。ルポライターの鎌田慧氏の『ぼくが世の中に学んだこと』です。生産性の向上と技術革新といった競争原理の下、誰かを排他・排斥する社会ではない新たな社会の在り方を子どもたちに示し得る最高の"教材"であると受け止めています。関連する部分を少し引用しておきます。

> 「自分だけの成績があがれば、自分だけがいい学校にはいれれば、自分だけがいい会社にはいれれば、自分だけの生活がよくなれば、自分の家族だけよくなれば、自分の会社だけ発展すれば、そして、自分の国だけが豊かな、そして強い国になれば。こうして、ぼくたちは、まわりのひとの不幸に気づかず、隣国のひとびとを不幸にしても平然としているようになる。日本はそのようにして、不幸な歴史をつくってきたし、みんなが不自由な時代を送ってきた。他人を不自由にして、自分が自由になれることなどけっしてありえない」[※2]。

実は、誰もが自分らしく安心して暮らせる社会こそが、クライエントの冒頭におけるニーズを満たし得る社会であるとも断言できま

す。社会福祉援助技術の中に、ソーシャルアクションや社会変革という社会構造に対する変革を働きかける言葉が存在するのは、このような所から端を発しているわけです。

　そうはいっても、クライエントが住み慣れた環境での暮らしを継続するために、社会構造やその価値規範をあるべき姿に変革していくという実践を私たちが個々に担えるのかといえば、大上段に構えすぎている感は拭い去れません。もちろん、こうしたマクロな社会環境がクライエントの暮らしに多大な影響を与えていることは強く認識しておくべきことではありますが、クライエントの一番身近な家族を含めた地域環境こそが、より多分にクライエントの暮らしと密接な関わりがあるわけで、クライエントの暮らしに絶大な影響を与えているものと考えられます。そこで本書では、クライエントが住み慣れた地域で自分らしく安心して暮らしていけるための支援の在り方として、社会資源や地域連携の理論と実践について検討していきたいと思います。

　これらの目標が、クライエントの地域における尊厳ある暮らしであることはいうまでもありません。しかし、地域の中においてそれを実現させるためには、クライエントの暮らしに対する地域住民の理解や協力を促進していくことが求められることでしょう。これは地域住民に意識の変化を促進していく過程であるともいえます。

　私たちの社会は、健常者の暮らしにおいて、障がいのある人々との接点を極力奪われた形で成り立っています。幼稚園に障がい児はほとんど通園していません。小学校に入れば、特別支援学級や特別支援学校内で障がい児は処遇され、健常児とは分け隔てた形での教育が実施されています。高等学校・大学にいけばいく程その流れは顕著となります。かくて健常者の多くは、障がいのある人々との接点をほとんど有することなく社会で暮らすこととなります。

　そのような人々が、障がい者に対して偏見や差別意識を持ってし

まうことは想像に難しくはありますまい。しかし、年を取れば認知症高齢者等の要介護高齢者になることは多くの人々に避けられない事実であり、障がいにおいてもそれは常に身近な所で起こり得るわけです。つまり、認知症や障がいは実は私たちの身近な所に常にあり、このような暮らしの課題を抱える人々は私たちの周囲に身近な存在としてあるのです。

　そうです。これらの問題は、私たちが当事者意識をもって本来考えられるべき課題なのです。だからこそ、福祉や介護は、あらゆる人々の人生に非常に密接な関係があり、そして、必要不可欠なものであるといえます。これらのことを私たち社会福祉実践家がしっかりと認識し、それをクライエントの支援を通じて地域住民に伝えていく必要性があるのです。

　人々の意識を変えるものは体験であるといわれています。たとえば、ある活動の必要性を認識していなかったが、その活動に関わっているうちに必要性を認識するに至った。または、ある取り組みに興味はなかったが、やっているうちに興味が湧いてきた。これらは、体験を通して人々が意識を変革させる体験的学習の一環であるといえます。このような体験的学習が人々の意識を変革する一つの有効な方法であると考えるのです。　このような考え方は決して突飛なものではありません。高橋満氏の次のような指摘をみることもできます。

　「(社会)構成主義の見方では、興味・関心も社会的につくられるものとして理解されるのである。つまり、明確な興味・関心が少ないとしても、信頼にもとづき結ばれた人びとの勧誘があれば人々は参加しようと考えるのではないか、と考える。人びとは信頼できる友人や知人を仲介者として公民館での学習会やボランティアなどの活動に参加し、活動のなかで経験される楽しさ、達成感、感動など

の情動の変容をとおして、参加の経歴を深めていくわけである。ここで経歴を深めるとは、興味・関心がより強いものとなることであり、他者や自分自身を組織の一員としての視点からとらえるアイデンティティの変容としてとらえられる」(括弧内は中島)※3。

　このように、障がいのある高齢者の暮らしや私たちの仕事に、地域住民に体験的に触れてもらうこと、感じてもらうことこそが、その体験的理解につながり得るわけです。それは、先述した健常者と障がい者が同じ社会を構成していながら、峻別された環境での暮らしを強いられている現状と逆行した流れを地域の中に創り出す営みといえるでしょう。あるいは、地域にある多様な課題を、排他・排斥した上で度外視するのではなく、むしろそれらの課題を自らのこととして理解し、共有するための実践の試みだともいえるでしょう。社会構造によって人々が無意識に"見ない""見えない"状況にされていた地域の課題を、体験的に理解し、可視化していくための実践です。クライエントには、それを地域住民に学習させる力があり、私たちにはそれを受け止め、促進する社会的使命がある、こう私は考えているのです。
　福祉や介護の仕事は、作業労働では断じてありません。特に、クライエントの暮らしの「全体性」を捉えること、すなわち、その周囲の社会環境とクライエントを一体的に捉えて支援を展開することが肝要になります。そして、クライエントの支援を通して社会環境を変革していくことにまで私たちの視野は及びます。このことを本書の初めに確認しておきましょう。このように考えれば、私たちの仕事の社会的使命やその尊さを十二分に実感することもできるでしょう。
　私たちの実践では、クライエントに焦点化した活動ではなく、その背景にある地域に対してまさに調整・変革を行うことが強く求め

られています。このような実践を通してしか、私たちはクライエントの権利擁護の実践を成し遂げることはできないでしょう。そして、このような実践を通して、私たち福祉・介護専門職は自らの仕事に誇りを感じ得るのかもしれません。私は、全国各地域におけるこれらの実践の積み重ねが、いつしか、誰もが自分らしく安心して暮らせる社会の構築へとつながることを切望しています。

※1　厚生労働省社会保障審議会・介護給付費分科会第70回資料「『介護保険制度に関する世論調査』について」PP.1-12　2010年12月24日「介護を受けたい場所については、『現在の住まいで介護を受けたい』と考えているものが最も多くなっており(37.3%)」を占めています。その他、「特別養護老人ホームや老人保健施設などの介護保険施設に入所して介護を受けたい」が26.3%と「介護付きの有料老人ホームや高齢者住宅に住み替えて介護を受けたい」が18.9%、「病院に入院して介護を受けたい」が12.9%ありますが、これら「介護施設等を利用したい理由」としては、「家族に迷惑をかけたくないから」が76.7%の約8割を占めています。
※2　鎌田 慧『ぼくが世の中に学んだこと』筑摩書房、PP.215-216、1994年
※3　髙橋 満『コミュニティワークの教育的実践　教育と福祉を結ぶ』東信堂、P.63、2013年4月

CONTENTS

はじめに

第❶章 地域包括ケアと社会資源ネットワーク化〔理論編〕

1　個別支援と地域支援の関係　*14*
　　コラム①暮らしと生活　*25*
2　地域包括ケアとソーシャルワーク　*27*
　　コラム②言語化と専門性　*51*
3　社会資源とネットワーク化　*56*
　　コラム③「支援」が「支配」に変容するとき　*80*

第❷章 実践における考え方〔計画編〕

1　これからの地域福祉活動の担い手　*88*
2　「主体的・能動的地域包括ケア」と
　　ストレングスモデル　*94*
3　「地域の絆流」地域援助プロセスとは？　*110*

第3章 具体的な実践方法〔実践編〕

序　個別支援と地域支援の関係　140
1　個別支援とまちづくりの相互作用の実践　144
2　組織が捉える対象圏域の明確化　149
3　職員間の共通理解の促進　153
4　地域住民との協働運営の視点　156
5　「地域の絆流」共生ケアの実践　160
　　　　コラム④共に生きることの責任　164
6　「有事のための平時の連携」
　　～親密度を高めるための多様な仕組みづくり～　170
7　基本的コミュニケーションの継続　175
8　情報開示の促進　177
9　地域住民に対する空間の提供　179
10　活動における過程・即応・改変を大切にした実践　187
11　ネットワーキングやコーディネーションの視点　198
12　複数の実践の複合的・有機的な展開　201
13　地域包括ケア（地域ケア）の技術としての
　　ケアマネジメント実践　202
14　クライエントの役割の創出と
　　ストレングスモデルの実践　214
15　地域住民に対する体験的学習の促進　215
16　長期ビジョンに基づいた実践　224

第4章 ソーシャルワークの要諦〔総括編〕

1 「社会変革」のすすめ方 *228*
　　コラム⑤自己責任論と「地域の絆」 *238*
　　コラム⑥福祉車両にはステッカーを
　　　堂々と貼りなさい *241*

とがき

地域包括ケアと社会資源ネットワーク化
〔理論編〕

1 個別支援と地域支援の関係

(1) 地域から捉えた課題

　高齢者の単独世帯や高齢者のみの夫婦世帯が急増し、かつ、65歳以上の10人に1人が、85歳以上の3人に1人が認知症にかかっているといわれています[※1]。つまり、要介護高齢者の単独世帯、あるいはいずれか一方もしくは双方が要介護高齢者となっている夫婦世帯が急増しているわけです。高齢者にかかわらず家族像全体をみても、かつての大家族から核家族へと、そして、現時点においては単身世帯へと家族形態が移行し、家族介護を基調とした自助機能は低下の一途をたどっている状況です。そんな中、コミュニティにおける共同性の希薄化が取り沙汰され、隣近所の互助、地域における支え合いの共助機能の低下も顕著となっています。2013年11月21日に衆議院で可決された社会保障プログラム法案にあるような「自助を基調として、互助と共助で行い、その最後に公助が担う」等とする方針が、果たして現実的で、かつ実行可能なものなのかとつい猜疑心をもたざるを得ない状況が目の前にたたずんでいるわけです。

　介護が社会問題となっている昨今、地域ではどのような問題が具体的に起こっているのでしょうか。単身世帯や夫婦のみの世帯を中核とした高齢者世帯で構成されているコミュニティの代表的事例がマンション等の集合住宅でしょう。マンション管理業の業界団体である一般社団法人マンション管理業協会では、2008年3月より、『マンション居住高齢者への支援マニュアル』が発行され、団体構成員に向けた研修も実施されてきました。

本マニュアルによれば、「何度も同じことを聞いてくる」「ゴミ出しの日を間違える」「マンション内を行ったり来たりして不審がられる」「警報をよく鳴らしてしまう」「水漏れ等を頻繁に起こす」等のマンション内におけるトラブルの様相が示されています[※2]。企業・団体別の認知症サポーター養成講座の受講者数も「マンション管理会社」が「JA（全国農業協同組合連合会）」に次いで多く、企業・団体型認知症サポーター数の総数225,584名のうち、47,377名もの人々がマンション管理会社で占められているのもこのためです[※3]。

このマンション内で起こっているトラブルは、マンション以外の各地域においても、今後ますます起こり得るものであり、社会福祉実践家はその調整や介入を余儀なくされ続けていくことでしょう。こうして、地域の中において、このようなクライエントと地域住民との軋轢（あつれき）や対立が高じれば高じるだけ、私たちの仕事量は増える一方となります。職員の仕事量の増加は、当然ながら、経営の圧迫につながるでしょう。

かつて、私の実践経験においても以下のようなことがありました。今から数年前、一人のクライエントが暮らす、ある地域の住民が、私に話があると神妙な面持ちでやって来ました。そのクライエントは、一人暮らしで認知症のある方です。「地域を代表して」来たというその住民は、次のように訴えました。

「どうも様子を見ていると、（クライエントは）一人暮らしで認知症があるようだ。ゴミ捨てもちゃんとできていないようだし、物忘れで火事でも起こされやしないか皆ヤキモキしながら様子を見ている。このような人は、早く施設に入ってもらった方が、本人にとっても自分たちにとっても安心だ」と。

私は、ご心配はごもっともだと共感した上で、火事を起こさないように、電磁調理器の導入等、「オール電化住宅」の設えにしており、

暮らしの中で火を取り扱うことはほとんどないこと、ゴミ出しに関しては、別居の家族と私たちが対応していること、さらに加えて、高齢になれば誰もが認知症になることが避けられないことを伝えました。

　私たちの仕事に対する態度は、"大きい声"を発することができる家族や地域住民の意向に沿って、クライエントの支援を行うものではなく、クライエントの思いを中心に、周囲の理解や協力を引き出していくものであるはずです。であればこそ、私たちは、自宅で暮らし続けたいと願うクライエントのニーズを中心に、地域住民とも向き合う必要があります。この地域住民とは、協議を幾度か重ねることによって、最終的には、クライエントの思いと私たちの支援方針について納得をしてもらいました。

　これら共通理解のための過程そのものは重要な営みです。地域住民が率直にその思いを訴えてこなければ、私たちはこの協議そのものを始めることすらできなかったでしょう。恐らく、水面下で、解決されない課題が蔓延していったに違いありません。であるならば、立場や考えの異なる者同士が、対話を重ね共通理解を促進していく過程は、私たちの実践においてとても尊いものであると言えます。そのことを前提としながらも、そうであっても、このような機会は、やはり、少ないにこしたことはないのも事実でしょう。このような軋轢と対立を解消するために費やす時間と労力があれば、その分、私たちは、クライエントの暮らしの質を高める時間と機会に情熱を注ぐことができるのですから。

　以上をみれば、地域住民の理解や協力と、クライエントの暮らしはいうまでもなく相互作用の関係にあり、そこには強い相関性があることが理解されると思います。また、私たち福祉専門職が安心してその職務を全うするためにも地域の理解や協力が不可欠となるこ

とでしょう。加えて、職員が安心して働ける地域の環境が無ければ、それは事業者の経営を圧迫することにもつながるはずです。

　福祉領域とは少し異なりますが、医療機関においてもこれはまったく同様だとの意見もあります。日南病院の高見徹医院長も次のように述べています。

> 「高齢社会における病院の経営は、その診療圏のもつ『生活自立障害のある方を支える地域の力』に依存すると考えてきた。別の言葉で言えば、同じ展開力をもつ病院でも、支える力の強い地域に建っていれば経営は良好になり、支える力の弱い地域にあれば経営は悪化するということである」[※4]。

　この例は、地域住民の理解や協力と福祉経営とがいかに相関しているかを理解する有意な"教材"といえるでしょう。

　地域住民の理解や協力と、クライエントの暮らし・専門職の職務・福祉経営には強い相関性があることを私たちは自覚し、地域に対する積極的な関与を粘り強く継続して実践する必要があります。まさに、地域社会の中で、クライエントの暮らしと私たちの仕事は展開されており、両者は切っても切れない関係にあるということです。

※1　岩田　誠『臨床医が語る　認知症の脳科学』日本評論社、P.56、2009年11月
　　「日本の高齢者では、六五歳以上の人口の一〇％が、八五歳以上なら三三％が認知症であるといわれていますし、世界全体でみると、一年間に四六〇万人の割合で認知症患者が増え続けていくだろうと予測されています」
※2　マンション居住高齢者支援方策検討委員会編『マンション居住高齢者への支援マニュアル』一般社団法人マンション管理業協会、PP.21-25、2008年3月
※3　全国キャラバン・メイト連絡協議会「全国規模の企業・団体での認知症サポーターキャラバン実施状況」2013年12月31日
※4　高見　徹「高齢社会の新しい地域医療～町は大きなホスピタル～」『月刊福祉』全社協、P.43、2006年5月

(2) 個別支援における課題

　福祉・介護専門職の成すべきこと、それはクライエントの生活の支援であるといわれるようになって久しい。暮らしと生活の違いは、**コラム①**に譲ることとして、ここではクライエントの生活支援と地域との関係の在り方を確認しておきたいと思います。

　たとえば、地域密着型サービスにおける認知症介護実践研修等のカリキュラムの中に、「生活の捉え方」や「生活支援の方法」といった科目があります[※1]。しかしながら、生活の概念は非常に範囲が広く、果たして介護や福祉の領域だけで支えることができるのかという素朴な疑問がつきまとうのではないでしょうか。

　大橋謙策氏によれば、人の社会生活を成り立たせるためには次の6つの自立が成されていなければならないとあります。

　①労働的・経済的自立
　②精神的・文化的自立
　③身体的・健康的自立
　④社会関係的・人間関係的自立
　⑤生活技術的・家政管理的自立
　⑥政治的・契約的自立[※2]。

　これら6項目のうち、福祉・介護専門職が担える部分はその一部でしかありません。つまり、これらの非常に幅広い生活を介護や福祉の領域だけで支援することは不可能なわけです。

　また、趣味活動の支援や嗜好の尊重を制限する介護保険上の訪問介護等の実践定義がいかに偏狭で、人々の生活を正しく理解していないのかも窺い知ることができるでしょう。私たちがまずもって自覚すべきは、介護保険サービスではクライエントの生活は守れないという前提であり、その前提を踏まえた実践、すなわち、クライエ

ントの支援に必要なあらゆる社会資源への接近が私たちに求められているということです。

　また、生活を時間軸で捉える視点も必要です。クライエントの生活は、24時間365日それを何年にも渡って連続したものであり、そのすべてを私たちが支え続けることは不可能でしょう。**図表1-1-1**は、3時間を1コマと捉えた上で1週間を56コマで表現したものです。要介護3のクライエントがいかほど介護保険サービスを受けることができるのかを理念型として示しています。

　この図中のサービスが提供されていない空白の時間にも当然にクライエントの生活は継続されているのであり、この圧倒的に多い空白の時間におけるクライエントの生活をどのように支えていくべきかを私たちは考えていかなければなりません。地域包括ケアや生活支援が介護の仕事であるとの認識が普及しつつある今、私たちには、クライエントにサービスを提供している時間のみならず、サービスを提供していない時間帯のクライエントの生活をも範疇に入れた援助活動の展開が求められているのです。

【図表1-1-1】クライエントの生活とは？

	月	火	水	木	金	土	日
6：00							
12：00	通所介護	訪問	通所介護	訪問	通所介護	訪問	訪問
18：00							
24：00					時間的な問題		

「ノーマルな一日のリズム」「ノーマルな一週間の規則」「ノーマルな一年間のリズム」の考慮が必要

　もう少し具体的にいえば、7〜9時間のサービス提供を行っている通所介護事業者は、その7〜9時間のサービス提供時間内にいか

に良質なサービスを提供するのかに傾注する時代は終わったということです。これからの通所介護は、クライエントにサービスを提供していない時間にも焦点を当て、サービスを利用していない自宅での生活をどのように支えていくのかを念頭に置いて、7～9時間のサービス内容を組み立てることが求められていくでしょう。なぜなら、その7～9時間だけがクライエントの生活ではないからです。

　あるいは、ベンクト・ニィリエ氏のいうところの「ノーマルな一日のリズム」「ノーマルな一週間の規則」「ノーマルな一年間のリズム」[※3]の視点で生活を捉えても、その困難性は明確となります。私たちの生活は、定型化された1日や1週間を繰り返すものではありませんし、1か月単位や1年単位、そして、人生単位における予定や習慣が各々に存在するわけでもありません。ですが、これらの「ノーマル」と考えられる生活のリズムをも保障していくことを生活支援の一部だと捉えれば、私たちの果たしている現在の役割の狭小さを自覚することができるでしょう。

　それにもかかわらず、認知症介護実践研修等の制度的研修のカリキュラムにおいては、これらのことが明示されていないように思うのです。福祉や介護だけでは、クライエントの生活は守れない、この大前提を今一度強く認識しておく必要があります。この点を強く確認することによって、クライエントの生活支援においては外部連携が欠かせないという現実と自然に向き合うことができるのではないでしょうか。すなわち、クライエントの生活支援を完遂するためには、他分野の専門領域および地域住民との連携が不可欠であるとの認識につながるはずなのです。これこそが、地域包括ケアに代表されるこれからのケアや個別支援の基本的な考え方となると私は考えています。

※1 認知症介護実践研修標準カリキュラム（厚生労働省）
科目：生活の捉え方、目的：「医学的理解」「心理的理解」の講義を元に、認知症という障害を抱える中で自立した生活を送ることの意味と、それを支援することの重要性を講義のみではなく演習を通して理解を深めること。内容（120分　講義・演習）・生活障害としての認知症の理解。・個人と認知症との関係の理解。・生活支援の重要性の理解。・演習は90分以上であること。科目：生活支援の方法、目的：「認知症高齢者の生活支援の方法」の教科のまとめとして、高齢者が、様々な人的・物的・社会的環境の中で生活していくことを、どのように支援していくべきかを理解し、事例演習を通してその方法を考えること。内容（90分　講義・演習）・日常的な生活支援のあり方。・その援助方法・環境調整、地域資源の活用の重要性。・事例を用いた体験的理解と具体的な方法の検討。・家族の位置付けは、家族支援の視点も含めること。・演習は60分以上であること。

※2　大橋謙策『新版・社会福祉学習双書2008　7地域福祉論』全国社会福祉協議会、P.22、2008年

※3　ベンクト・ニィリエ著、ハンソン友子訳「ノーマライゼーションの原理」『再考・ノーマライゼーションの原理　その広がりと現代的意義』現代書館、PP.14-15、2008年12月

（3）介護者における課題

　一方、昨今の在宅支援の現場で大きな問題になっていることもあります。それは、家族介護者の高齢化と男性化が同時に進行しているという事実です。今や家族介護者の3人に1人は70歳以上の高齢者であるといわれています[※1]。認知症の有病率を鑑みれば、老老介護の末の認認介護（認知症の方が認知症の配偶者を介護する）が現実味を帯びてきます。また、その3人に1人は男性です[※2]。男性介護者のことを巷では「ケアメン」と呼んでいることをご存知でしょうか。女性介護者は今までに「ケアウーマン」と呼ばれたことはなかったわけですが、3人に1人の男性介護者が出現したことをもって「ケアメン」と呼び出す風潮にこそ、今までいかに女性に介護を押し付けてきたか、我が国の後進性が伺えるといっても良いでしょう。

ただ、そうはいえど、男性介護者の現状は実に深刻な問題を孕んでいます。介護殺人・心中の加害発生率は、男性介護者に極めて高いといわれています[※3]。また、ご周知の通り、高齢者虐待における加害発生率も男性に顕著です[※4]。先のマンション等の集合住宅の課題とも平仄(ひょうそく)の合う話ですが、集合住宅内における孤独死の割合も男性に顕著であることが明らかとされています[※5]。
　介護者の話とは直接関係ないデータではありますが、毎年約30,000人前後で推移している自殺者数においても、男性自殺者は女性の約3倍を占めているといいます。自殺の直接原因のうち最も多いのが「健康問題」、すなわち、うつ病であって、うつ病は統計的に女性が罹りやすい疾病であるにもかかわらずです[※5]。地域との関係が疎遠、感情的コミュニケーションが不得手、人に弱みをみせない、他者に相談をしないといった傾向が顕著であり、家事経験の少ない男性介護者の支援が社会問題化しているのです。
　このように、これからの福祉・介護現場において、家族介護者支援は避けては通れぬ要素となりそうです。ここで改めて、介護・ケアの概念について確認をしておきたいと思います。
　従来より、社会福祉援助技術に基づく援助者と被援助者には、相互作用の関係があるといわれてきました。その意味において、介護は「行為」であると同時に「関係」であるという理論が成り立ちます。上野千鶴子氏も同意している次のケアの定義をみてもそれは十分に理解されるでしょう。上野氏は、ケアについて「依存的な存在である成人または子どもの身体的かつ情緒的な要求を、それが担われ、遂行される規範的・経済的・社会的枠組みのもとにおいて、満たすことに関わる行為と関係」とし、だからこそ良質なケアでは「ケアされる者とケアする者双方の満足を含まなければならない」と述べているのです[※6]。

したがって、良質な介護とは、クライエントのみならず介護者も含めて誰かに支えられなければならないことになります。また、厳密に介護者とは、先に述べた家族介護者のみならずそれを業としている我々専門職もその対象になるはずです。今や我が国のケアは、「ケアをされる側」と「ケアをする側」双方を社会的に支えていくことが求められているのです。でなければ、そこに良質な支援やケアは存続し得ないということになります。そのためには、介護者と被介護者の外側にある地域環境・社会環境を巻き込んでその支援に当たることが一般化して行かなければならないのです。

　ここで、ケアが「規範的・経済的・社会的枠組みのもとにおいて」実践されると位置づけられている点は重要です。よって、ケアには、ソーシャルの視点が必要となります。また、個別支援において、それをソーシャルな視点で行うことは、ソーシャルワークを意図した実践が求められているということでもあります。この、ソーシャルワークとは何か、については、次節で検討していくことにします。

　今までのケアは、クライエントに焦点化した支援でした。しかし、これから求められるケアとは、クライエントとクライエントの背景にある地域環境・社会環境を一体的に捉えた支援なのです。この視点こそが、2012年度の介護保険制度改定の中核に位置づけられた地域包括ケアの起点となるでしょう。しかし、この視点はソーシャルワーク分野で久しくいわれ続けてきたことだったのです。

　これからの介護やケアの実践に最も必要な視点は、ソーシャルワークであるといって過言ではありますまい。これからのケアは、ソーシャルワークを念頭に置いたものでなければならないことをここで強調しておきたいと思います。

※1　『毎日新聞』2008年9月9日

「家族間で介護する世帯のうち、高齢者が高齢者を世話する70歳以上の『老老介護』世帯の割合が初めて3割を超えたことが、厚労省が9日公表した07年国民生活基礎調査で分かった」

※2　「"ケアメン"を支えろ！男性介護者120万人時代」2012年6月25日（月）NHKニュース　おはよう日本
ケアメンは全国で120万人に迫ること、介護する人の3人に1人は男性であることが報じられている。

※3　津止正敏・斎藤真緒『男性介護者白書　家族介護者支援への提言』かもがわ出版、P.14、2007年9月
「加藤悦子が新聞記事から抽出し分析を行っている。加藤によれば、1998年から2003年までの介護保険導入前後の6年間に起こった介護殺人の件数は198件、死亡者数は201人である。加害・被害の関係をみてゆくと、息子が加害者の場合が最も多く全件数の37.4％、次いで夫が加害者の場合であった（34.3％）。加害者199人中、男性は151人、女性は48人で、男性が加害者の4分の3を占めた。介護者の性別では3割弱の男性たちが、介護事件の加害者では圧倒的多数を占めている」

※4　厚生労働省「平成22年度　高齢者虐待の防止、高齢者の養護者に対する支援等に関する法律に基づく対応状況等に関する調査結果」2011年12月6日
「虐待者との同居の有無では、同居が85.5％、世帯構成は『未婚の子と同一世帯』が37.3％で最も多く、既婚の子を合わせると63.7％が子と同一世帯であった。続柄では、『息子』が42.6％で最も多く、次いで『夫』16.9％、『娘』15.6％であった」

※5　津止正敏・斎藤真緒『男性介護者白書　家族介護者支援への提言』かもがわ出版、P.23、2007年9月「例えば、河合克義氏らが行った東京都港区や横浜市鶴見区での単身高齢者調査（2004～2006年）によれば、一人暮らしの高齢者は女性が数の上では8割以上と多いが、住居や収入、家族資源、社会参加などに問題を抱えるケースは男性が圧倒するという。大阪の泉北ニュータウンでは、2003年から2006年までの孤独死110人中、男性が73人（66％）を占めるという報告もある。1998年以降、毎年3万人を超える自殺者問題でも男性の課題がある。2005年には、男性の自殺者は2万3540人と、女性の9012人の2.7倍だ。自殺に密接に関連していると言われるうつ病の有病率は女性が高いにもかかわらず、何故自殺のこの性差が生じるのか」

※6　上野千鶴子『ケアの社会学』太田出版、P.39・P.7、2011年8月

コラム①　暮らしと生活

　社会福祉専門職の職務は、クライエントの生活支援であるといわれて久しいと認識しています。ですから、「生活」という言葉は、私たちの専門領域や職場では沢山溢れているようです。また、「生活」に似た言葉に「暮らし」があります。私は、「生活」よりも「暮らし」の方が幅広い概念を有していると考えています。辞書を引いて捉えても、生活は、生計を立てるための活動という意味合いが強い言葉に思えます。一方、暮らしは、「一日一日を過ごすこと」の意味が色濃く、何かのために活動をしていなくとも、そこにいるだけで、ぽーっと過ごすだけでもよい印象を抱くことができます。だから、生活よりも暮らしの方が、より幅が広いのだと解釈しているのです。

　暉峻淑子氏によれば、「私の祖母や母の時代には『生活』という言葉はあまり使われていませんでした。（中略）庶民の生活は、ふつう「暮らし」と言われていたようです」[※1]とあります。また、「人間もまた自然の一部であり、自然に寄り添って、自然の恵みや脅威の中で生きてきた人達の暮らしぶりが『暮らし』という言葉にこめられているようで、私はこの言葉がとても好きです」[※1]とも感想を述べています。

　その日暮らしという言葉がありますが、この言葉に照らして鑑みれば、「生計を立てるための活動」という心証はあまり抱きません。ただのんびり、そこにいるだけ、という印象の方が強くあります。そこにいるだけ、そこに存在するだけでも良いという、人々の存在に対する肯定感の強いこの暮らしという言

葉を私も好んで使っています。生きているだけで、そこにいるだけでよい。そのような肯定感を醸し出す言葉だからです。

　また、「およそ室町時代から、『暮らす』という言葉は、時を過ごすことから、しだいに『生計を立てる』意味に変わってきたと言われ」、「明治時代になると、生計という漢字を暮らしと読ませて、ほぼ現在と同じように、暮らしとは生計・生活の意味で使われて」いたと暉峻氏は叙述しています[※1]。社会構造に経済が色濃く導入されて以降、「暮らし」が「生活」に変わったとも見て取れます。技術革新や競争、効率化に象徴される経済の原理と人々の「暮らし」には相容れないものがあるのかもしれません。

　よって、本書では、専門用語に近い意味においては「生活」を、その他の意味では専ら「暮らし」を用いています。あとは文脈に応じて使い分けていますが、どちらでもよい場合はなるべく「暮らし」を用いることとしました。生きているだけで、そこにいるだけでいい。このような価値観を地域に広げていければと思ってのことです。

※1　暉峻淑子『豊かさへ　もうひとつの道』かもがわ出版、PP.73-76、2009年4月

2 地域包括ケアとソーシャルワーク

(1) 地域包括ケアに不可欠なソーシャルワークの視点

　地域包括ケアは、2012年4月の介護保険制度改正からその大きな柱とされています。ここで改めて、厚労省が示している地域包括ケアの定義を見てみましょう。

> 　「『地域包括ケアシステム』について『ニーズに応じた住宅が提供されることを基本とした上で、生活上の安全・安心・健康を確保するために、医療や介護のみならず、福祉サービスを含めた様々な生活支援サービスが日常生活の場（日常生活圏域）で適切に提供できるような地域での体制と定義し、『おおむね30分以内』に必要なサービスが提供される圏域として、具体的には中学校区を基本とする」[※1]。「地域包括ケアは、地域住民が住み慣れた地域で安心して尊厳あるその人らしい生活を継続することができるように、介護保険制度による公的サービスのみならず、その他のフォーマルやインフォーマルな多様な社会資源を本人が活用できるように、包括的および継続的に支援すること」[※2]。

　市町村合併によって保険者の圏域は広範になりました。ですが、厚労省の試みは、サービスの提供範囲はよりコンパクトに抑えて行こうとするものであり、クライエントの住み慣れた地域での暮らしを継続的に支援する視点が強く伺えるものとなっています。

また、「生活上の安全・安心・健康を確保する」ためには、医療・介護のみならず（フォーマル・インフォーマルいかんによらず）多様な生活支援サービスが不可欠であることが明記されていることも大きな特徴といえるでしょう。ここには、①クライエントの住み慣れた地域における継続的な暮らしの支援と、そのために必要不可欠な、②フォーマル・インフォーマルいかんによらぬ、あらゆる社会資源を活用する双方の視点が不可欠であることが理解されるでしょう。

　東西南北に伸展し、かつ列島化している我が国においては、「地域」とひと言で述べても多様な状況が存在します。ケアに個別性が求められているように、地域支援においても地域性が求められることは自明の理ではないでしょうか。その意味において、我が国の地域包括ケアモデルは多様に存在し、前記の厚労省の定義のみでは示しきれない現状があります。よって、地域包括ケアは、依然緒についた段階であり、創設期に入った所にあるといってよいと思われます。まさに創設期であるわけですから、政府が画一的にあるべき姿を提示するのでは不十分なのであり、全国各地域において、現場の創意工夫によって、多様なモデルが積み上げられていくべきだと考えられます。

　前節で叙述した通り、個別支援と地域支援には強い相関性があり、両者は相互に作用しあう関係にあります。しかしながら現状は、そこで働く専門職個々に未だそのような視点が確立しておらず、また、各個人が所属する機関・事業所の意識や体制もまだ十分でない状況が課題として存在するように見受けられます。

　2000年に改正された社会福祉法以降、地域福祉の推進に向けて、我が国の社会福祉施策は大きく舵が切られていきました。その後、2006年4月の介護保険制度改正時には、地域包括支援センターおよ

び地域密着型サービスが創設されました。この流れにあって、未だ事業所および専門職に個別支援と地域支援がつながっているという認識が不足しているように見受けられます。「地域」と「ケア」が認識としてつながっていない。いや、それどころか、「地域」と「ケア」が未だまったくの別物として認識されているようでもあります。

　介護保険制度創設以後、営利法人を含む多様な法人格の参入が認められ、市場原理が導入されたことでクライエントの「顧客」化が顕著に進みました。「顧客」である以上それは、「獲得」の対象となり、だからこそ「囲い込み」の実践が促進されてきました。そして、事業者間の競争も激化し、事業者は経営の安定化と、さらなる拡大を目指して複数の事業を行う複合体へとその姿を変えクライエントの囲い込みを進めました。

　このことによって、ネットワーキングやコーディネーションといった外部連携の視点が希釈化され、「地域」と「ケア」の連携はさらに希薄な状況に追い込まれてきました。目の前のクライエントに焦点化した「ケア」が主流となり、その背景にある「地域」がみえない時代が今も続いているわけです。「地域」と「ケア」をどのような媒介を用いてつないでいくのか…この問題は喫緊の課題といえるでしょう。そのためには、「地域」と「ケア」、すなわち、個別支援と地域支援がいかにつながっているのかを専門職個人および彼らの所属機関・施設が共通に理解していくことこそが大きな課題となるように思われます。

　結論から述べると、「地域」と「ケア」、個別支援と地域支援の両者をつなぐ媒介こそが、ソーシャルワークだと私は考えています。ここで、私が捉えるソーシャルワークの定義を説明しておきたいと思います。ソーシャルワークについては、1981年に全米ソーシャルワーカー協会（National Association of Social Workers）が提示し

ている社会福祉実践の内容に着目したいと考えます。

「①人々が発展的に問題を解決し、困難に対処できる能力を高めるよう、人々（People）にかかわる、②人々に資源やサービスを提供する社会制度（System）が効果的で人間的に機能するよう推進する、③人々に資源やサービスや機会を提供する社会制度（システム）と、人々とをつなぐ、そして④現在の社会政策（Social Policy）の改善と開発にかかわる」[※3]（**図表1-2-1**）。

【図表1-2-1】ソーシャルワーカーの実践

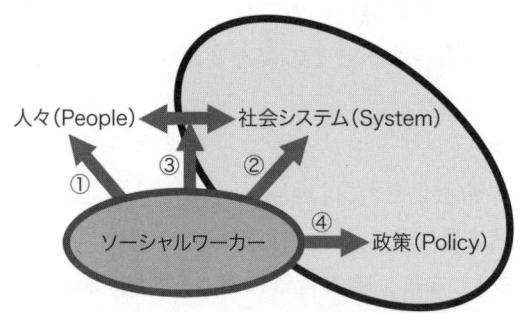

出典：「全米ソーシャルワーカー協会（NASW）の定義」（1981年）をもとに作成

重要な視点は、クライエントの内部にのみ問題点を見いだすのではなく、その外部にある家族・地域・制度・政策・社会の価値規範に対しても問題を抽出し、その改善を図る箇所にあります。すべての人間は社会化され生きている以上、社会構造からは自由にはなれません。であれば、クライエントの抱える問題は、クライエントの個人的な問題のみならず、その社会環境が生み出す問題でもあると捉えることができるでしょう。ソーシャルワークは、このような社会的な視点において問題を分析し、その解決を図る専門性の総体であるといえます。

加えて、私が拘わりたいのが、サービス優先ではなくニーズ優先の視点です。つまり、相互作用の関係にあるクライエントのニーズと社会環境のどちらを優先させるべきかとの問いに対して、ソーシャルワークはクライエントのニーズを優先すべきであると認識するわけです。

　たとえば、認知症ケアの現場においては、クライエントが住み慣れた家・地域での暮らしを望んでいるが、家族や地域がそれを断念しており、施設入所を考えているような場面に数多く遭遇します。そんなとき、ソーシャルワーカーやケアマネジャーは何を中心に援助活動を展開すべきかその拠り所が問われてきます。残念ながら、私が知る限り、家族や地域のニーズを中心に、クライエントのニーズを調整しているケースは珍しくはありません。しかしながら、ソーシャルワークが目指すべき実践は、クライエントのニーズを実現するために、家族や地域、社会環境に何ができるのかを考え、理解や協力を引き出す活動を展開することにあります。ソーシャルワークの技術はそのためにこそ使われる必要があるでしょう。

　全米ソーシャルワーカー協会の定義するように、クライエントの問題を個人的な問題に帰結させずに、それを社会的な問題と捉えて援助活動を実践する。そして、その活動の中心にはクライエントのニーズを据えることがソーシャルワークの基本的姿勢であると私は理解しています。そこで、私は次のようにソーシャルワークを定義しておきたいと思います。

　①生活課題を抱えている人々（クライエント）に直接支援を行うこと
　②クライエントが生活しやすい社会構造（家族・地域からなる社会の構造）を構築するよう働きかけること
　③クライエントのニーズを中心に、クライエントと社会構造との

関係を調整すること
　④政府・行政に対し、クライエントのニーズを代弁した社会的活動（ソーシャルアクション）を行うこと
　これらの4つの仕事を通して、クライエントが暮らしやすい社会を構築し、ひいては、すべての人々が暮らしやすい社会を創出する専門性の総体、これをソーシャルワークと呼ぶのです。特に注目しておきたいのは②と④です。ニーズ中心主義・ニーズ優先のアプローチを取る以上、そこには社会資源の発掘・開発・創出の視点が不可欠となります。実は、ソーシャルワークの要諦はまさに、このような社会的活動（ソーシャルアクション）にあります。
　以上のように、ソーシャルワークの観点からみれば、個別支援の対象たるクライエントは社会環境との関係性において課題を抱えているわけで、当然クライエントと社会環境には強い相関性と相互作用があることを前提としています。個人の暮らしと社会環境は切っても切れない関係であることを自明としながら、個人の生活課題にアプローチを行うのがソーシャルワークであるといえます。
　ソーシャルワークの理論と視点を持てば、地域包括ケアの意味も安易に理解できるはずですし、その実践も困難なものでもないはずです。地域包括ケアは、ソーシャルワークの視点を取り入れたケアであると私は考えており、そのような視点を持てば、厚労省の定義や、今巷でいわれる地域包括ケアについても理解はそれほど難しくはないでしょう。
　これを別の角度から捉えれば、こういうことでもあります。ソーシャルワークの視点から見れば、さほど理解の難しくないはずの地域包括ケアのその理解が進まない最大の理由は、そこにソーシャルワークの視点が希釈・欠如している、ということです。高齢者福祉分野のみならず、今あらゆる社会福祉分野に求められているのは

ソーシャルワークの視点です。それにもかかわらず、それが驚くほど普及していないという事実。そこに「地域」と「ケア」、個別支援と地域支援がつながらない根本要因があります。

地域包括ケアをケアワークや医療の視点でのみ捉えるのではなく、ソーシャルワークの視点で捉えなおす作業があってはじめて、その実践はさらに促進されるでしょう。これからの介護福祉経営者にも、ソーシャルワークの知見が求められていることは間違いありません。

※1 地域包括ケア研究会「地域包括ケア研究会　報告書」三菱UFJリサーチ＆コンサルティング、P.3、2010年3月
※2 2011年度地域包括支援センター運営マニュアル検討委員会「地域包括支援センター運営マニュアル2012」一般財団法人長寿社会開発センター、P.15、2012年3月
※3 北島英治・白澤政和・米本秀仁編著『新・社会福祉士養成テキストブック②社会福祉援助技術論（上）』ミネルヴァ書房、P.5、2007年3月

（2）ソーシャルワークとケアマネジメント

地域包括ケアの実践においては、クライエントの地域生活の継続性を支えるためのあらゆる社会資源へのアプローチが不可欠となります。その具体的実践の一つであるものの、より重要度が高いと考えられるのがケアマネジメントに当たります。ここでは、地域包括ケア実践の主要ともいえるケアマネジメントと前出のソーシャルワークの在り方について叙述しておきましょう。

1970年代後半にアメリカで創出されたケアマネジメントは、ソーシャルワークの一部であると言われ続けてきました[※1]。ケアマネジメントの目的としては、「コミュニティケアの推進」「生活の支援」「QOLの向上」「コストコントロール」が一般にいわれています[※2]。これらの点を注視すると、ケアマネジメントには一見矛盾する2つ

の目的があるように思われます。クライエントの生活支援の視点と、社会的コストの抑制という視点です。

クライエントの生活支援については、以下の引用にもあるようにソーシャルワークとケアマネジメントには多くの共通項があるように思われます。

> 「ソーシャルワークは『人々がその環境と相互に影響し合う接点に介入する』ということを基礎にしており、ケースマネジメントが目指していることに合致しており、ケースマネジメントがソーシャルワーク実践の中核の機能を占めるといっても過言ではない。具体的には、ケースマネジメントは人々と社会制度（システム）を結びつけることを中心としており、さらには人々の内的な発展や社会制度（システム）の改善を目指すものだからである」[※3]。

しかしながら、ソーシャルワーク実践においては、必ずしもケアマネジメントほどにコストコントロールを重要視してこなかったように思われます。むしろ、ソーシャルワークの使命（mission）ともいえる権利擁護を鑑みれば、クライエントの権利を守るためにその社会環境を整えるべく社会変革を促進することに力点が置かれており、ケースによっては積極的に公的責任の要請・追及を行うことが求められてくるため、コストコントロールは必ずしもソーシャルワークの目的とはいえません[※4]。

また、クライエントや家族・地域資源といったミクロ・メゾ領域を中心とした実践を展開することが多いケアマネジメントと、それに加えた政策提言や社会変革といったマクロ領域の実践も求められているのがソーシャルワークであることを考えれば、やはりケアマ

ネジメントはソーシャルワークの一部であることが理解されるでしょう。

　橋本泰子氏の定義によれば、ケアマネジメントは地域ケアの技術であるとされています。現時点において、私もこの定義には賛同する立場を取っています。「複合的なサービスニーズをもつ利用者が、安全で安定した自分らしい日常生活を自宅で長期的に維持できるよう、利用者一人一人のためのケア態勢をマネジメントする地域ケアの技術である」[※5]。つまり、ケアマネジメントは、地域ケアを成すための一つの方法とされているのです。地域ケアは、本テーマである地域包括ケアとほぼ同義のものであると私は認識しています。よって、本書では、地域ケア・コミュニティケア・地域包括ケアを同義のものとして取り扱うことにします。

　たとえば、野川とも江氏は、「地域ケア（コミュニティケア）とは、人々が高齢になっても障害があっても、必要なあらゆる地域資源（人的、物的、制度的）を選択して活用し、住みなれた地域社会のなかの家庭を基盤として、生涯を通じて継続的に普通の生活ができるようにすること」[※6]としています。つまり、「あらゆる地域資源を選択して活用」するとは、介護保険サービス以外の、フォーマル・インフォーマルを問わぬ、あらゆる資源を用いてクライエントの支援を実施することがその根底にあるといえるでしょう。

　クライエントのニーズを地域資源の総動員によって実現していくことがまず重要であり、そのための地域ケアの技術としてケアマネジメントがあるということですから、介護保険サービスのみを社会資源と捉えた実践は、本定義にはそぐわないということになります。クライエントのニーズに対応するために、あらゆる社会資源にアプローチすることがケアマネジメントの基本的姿勢となるのです。

　その際、社会資源に対するアプローチにおいての要諦は、前項で

第1章　地域包括ケアと社会資源ネットワーク化（理論編）

も述べた「サービス優先ではなくニーズ優先の視点」「ニーズ中心主義・ニーズ優先のアプローチ」にあります。ソーシャルワークの一部として、ケアマネジメントを捉える以上、今ある社会資源にクライエントのニーズをあてがうのではなく、クライエントのニーズを発掘するために社会資源に対峙する、そういった実践が求められているのです。このことは、今ある社会資源を把握するのみならず、社会資源を発掘・創出していく、ソーシャルアクションの実践へと繋がって行くことを意味しています。あえて繰り返しますが、ソーシャルワークの一部である以上、これからのケアマネジメントでは、社会資源の把握のみならず発掘・開発・創出にまで視野を拡げていく必要があるのです。

こうして、クライエントの内部のみならず、その外部にも問題を見いだし、そして、クライエントと社会環境の双方にアプローチを仕掛ける点において、ソーシャルワークとケアマネジメントには強い相関性があるということになります。また、ソーシャルワークには、複数のクライエントのニーズを同時に支援していくクラスアドボカシーや、ソーシャルアクションの視点が欠かせない一方、ケアマネジメントの領域ではそこへの認識が乏しいように思われます。

ソーシャルワークとケアマネジメントの関係について要約しましょう。ケアマネジメントはミクロ・メゾ領域を対象とする一方、ソーシャルワークではそれに加えてマクロ領域にまでその実践の範囲が及ぶという意味で、ケアマネジメントはソーシャルワークの一部であると言えるでしょう。そして、コストコントロールが一つの目的として導入が図られているケアマネジメントは、それを目的にしていないソーシャルワークとの関係において、ソーシャルワークとは相容れない要素も含み持っていることを確認しておきたいと思います(**図表1-2-2**)。加えて、繰り返しをいとわずに論じておきた

いことは、現在のケアマネジメント実践においても、ソーシャルワークの視点が欠かせないということです。

【図表1-2-2】 ソーシャルワークとケアマネジメントの関係イメージ図

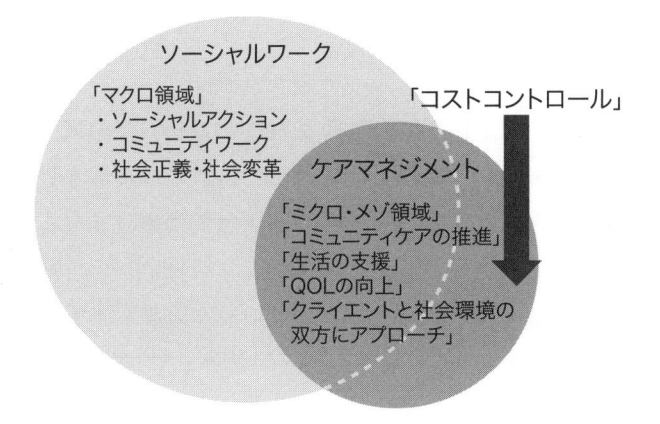

ソーシャルワーク
「マクロ領域」
・ソーシャルアクション
・コミュニティワーク
・社会正義・社会変革

「コストコントロール」

ケアマネジメント
「ミクロ・メゾ領域」
「コミュニティケアの推進」
「生活の支援」
「QOLの向上」
「クライエントと社会環境の双方にアプローチ」

※1　村社 卓『ケアマネジメントの実践モデル』川島書店、P.31、2011年6月
「理論研究においても、これまでわが国では、ケアマネジメントはソーシャルワーク機能の一部であり（渡部2003）、ソーシャルワークが『個人の「成長・変化」指向をもつアプローチを多様にもっている』（副田2003）のに対して、ケアマネジメントは『ニーズ充足計画実施のために活用するひとつの戦略、方法』（副田2004：27）と理解されてきた。ソーシャルワークはケアマネジメントよりも『幅広い目的』（副田2003）、『幅広い機能』（梅崎2004）を有している、と一般には理解されている」

※2　白澤政和『新・社会福祉士養成講座8　相談援助の理論と方法Ⅱ　第2版』中央法規、P.22-24、2010年2月

※3　白澤政和『新・社会福祉士養成講座8　相談援助の理論と方法Ⅱ　第2版』中央法規、P.51、2010年2月

※4　金子 努『高齢者ケア改革とソーシャルワークⅡ』kumi、P.8、2004年3月
「ここでケアマネジメントがソーシャルワークと異なる点を挙げるなら、ケアマネジメントが財政事情を背景に限られた社会資源をいかに効率的、効果的に利用者へ提供していくのかといったところから導入されていることで、そのことが結果として利用者本位のサービス提供と相反する危険をはらんでいる点である」

※5　橋本泰子『新版　社会福祉士養成講座9　社会福祉援助技術論Ⅱ』中央法規、

P.329、2007年1月
※6　野川とも江、日本地域福祉学会『新版　地域福祉辞典』中央法規、P.184、2006年9月

（3）地域包括ケアと施設ケア

　加えて、「地域包括ケアに施設ケアが含まれていない」との考えに触れることが時折あります。このことに対して、以下、反論を述べておきます。地域包括ケアは施設ケアの対立概念ではありません。なぜ、今さらこのような自明の理を述べるのかといいますと、「病院から地域に帰る」や「施設から地域に戻る」といった会話をよく耳に挟むからです。どうでしょうか。思わずその「病院」や「施設」は地域にはないのか、と聞いてみたくなりませんか。実は私が大学で社会福祉学を学んでいた頃も、施設と地域は対立概念で捉えられていたように記憶していますが、その名残がいまだにあるようです。その残滓を払拭すべく、ここでこれらの関係を一旦整理しておきたいと思います。

　施設ケアは、クライエントの暮らしの拠点が施設にあるケアのことをいい、在宅ケアは、クライエントの暮らしの拠点が在宅にあるケアのことをいいます。また、双方は地域の中で展開されているケアであることに変わりがなく、共に地域包括ケアの範疇に含まれることになります（**図表1-2-3**）。つまり、特別養護老人ホームも、有料老人ホームも、グループホームも地域包括ケアの視点で運営を行わなければならないのです。旧来から、在宅ケアと地域ケアが同義に扱われており、施設ケアと地域ケアが対立概念として扱われてきたきらいがありますが、この概念をまずは払拭しておく必要があります。

【図表1-2-3】地域包括ケア

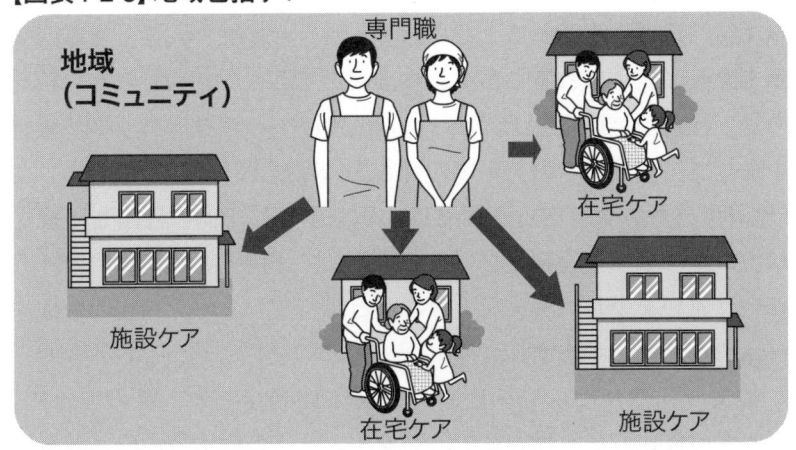

地域（コミュニティ）
専門職
施設ケア
在宅ケア
在宅ケア
施設ケア

　1つ、私の実践事例を通して理解を深めてみたいと思います。今から10年ほど前、介護老人保健施設で介護職員をしていたときの話です。会話を通してクライエントが当時私たちに強く求めていたことがありました。それは、「たまには外で食事がしたい」「自分のお金で買い物に行きたい」「喫茶店に行ってお茶をしたい」「美術館に行って絵が見たい」といったもので、いわゆる外出がしたいということでした。

　その当時は、なぜそのようなことばかり訴えられるのか、私たちは不思議に思いながら仕事をしていました。しかし、その訴えがあまりにも多いため、自身でクライエントの外出回数を調べることにしました。その結果、1人のクライエントの外出頻度が、平均して年1回未満という驚愕の数字が出たのです。

　昨今、この事例を用いて、大学で学生に伝えたことがあります。今から1年間この大学の敷地の中から一歩も外に出てはいけないということになったら、どんな気持ちになるだろうかと。まさに、当時の入所施設の高齢者はこのような状況にあったのです。

私たちは、クライエントの思いを代弁して上司である施設長に外出支援の重要性を訴えることにしました。しかし、人手と予算の関係上それが認められることはありませんでした。諦めきれない私たちは、社会福祉協議会（以下「社協」という）のボランティア情報誌を通して、登録ボランティアの皆さんに呼びかけることにしました。「施設に入所されている利用者は、いま１年に１回の外出も困難な状況にあります。皆様のお力をお借りして、利用者の『外出したい』という思いを少しでも実現できればと思っています。有志の皆様のご協力をお願いします」と。

　集まってくれたボランティアの数は12名でした。その方々に、車いすの操作方法を指導して、クライエントの個別特性の共有を行いました。その結果、１名から２名の職員で７名前後のクライエントの外出支援ができるようになったのです。ですので、私たちは毎週小グループによる外出を継続的に実施するに至りました。

　私たちは当時地域ケアや地域包括ケアの考えを持ち合わせていませんでした。ただ目の前のクライエントのニーズにどうにかして応えたいと一心に考え出したのが、地域の社会資源たる社協とボランティアの活用でした。しかし、これは今振り返ってみると、まさに地域包括ケアの実践であったといえるのではないでしょうか。この経験を通して、自身は考えます。施設ケアこそが、地域包括ケアを意図して実践を行うべきではないのかと。

　施設ケアを実践している職員は、クライエントのニーズに対して、時間的・人員的・予算的に職員では応じられないことに関しては、どのように対応しているのでしょうか。クライエントに諦めてもらうように、説明をして頭を下げるだけでしょうか。入所施設の職員は、自らが対応できないクライエントのニーズには、応えようがないと端から諦めているのではないかと過去の経験則からも私自身は

考えています。職員だけでは対応ができないクライエントのニーズがあったとしても、職員が地域の社会資源に視野を広げることによって、その社会資源を活用することの帰結として、そのクライエントのニーズに応えることができるかもしれないのです。本事例はまさにこのことを示しています。

　施設ケアの従事者は、閉ざされた空間の中でクライエントと向き合い続けるその帰結として、クライエントの支援は自分たちだけで行わなければならないという"暗示"にかかっているのだと思います。であればこそ、そのような"暗示"にかかりやすい、施設ケアを行う職員こそが、地域に裾野を広げた視点と実践を意図して有する必要性を感じるのです。また、その"暗示"から解き放たれるには、その施設が、平素から地域に「ひらかれて」[※1]いることが重要です。施設ケアを実践する職員に対して、地域包括ケアの実践を促進するための一番の契機は、その施設が地域に対して「ひらかれた」環境を構築することにあるのかもしれません。

　最後に、イギリス政府によるコミュニティケアの以下の定義を見てもわかるように、本来、地域福祉や地域ケアはその対象者を限定しない実践であることが理解されます。「コミュニティ・ケアとは、高齢、精神病、心身障害などにより問題を抱えた人が、自宅もしくは（地域の中の）家庭的な環境のもとで、できる限り自立した生活ができるよう、必要なサービスや援助をすることである」[※2]。

　その意味において富山型に代表される共生ケアは、まさに、地域包括ケアと整合性があるといえます。ですので、富山型とは少し異なった実践になろうかとは思いますが、私たちも共生ケアの視点を有した実践を行っています。詳述は、「実践編」にて紹介することにします。つまり、地域包括ケアの視点は介護保険制度上にのみ、高齢者分野にのみ存在するものではなく、児童・障がい者・ホーム

レス等あらゆる領域で必要不可欠な視点であることは共有しておきたいと思います。

※1　本書では、「開く」と「拓く」の双方の意味を併せ持つという意で「ひらく」と表記します。
※2　イギリス政府『英国コミュニティ・ケア白書』1991年

（4）地域包括ケアの課題

　冒頭に挙げた「地域包括支援センター運営マニュアル2012」にも書かれているように、「地域包括ケアシステムは『自助・互助・共助・公助』それぞれの関係者の参加によって形成されるため、全国一律のものではなく、地域ごとの地域特性や住民特性等の実情に応じたシステム」[※1]となるはずです。

　よって、地域包括ケアは一部の地域においては以前から実践され続けているものの、大多数の地域においてその実践は未だ緒についたばかりであり、まだまだ創設期の中にあると述べました。であればこそ、そのことを定義化したり、決めつけることは、今は忌避すべきことであり、今後津々浦々の実践を積み重ね多様な定義が成されるべきであると考えています。地域包括ケアはこうあるべきだと論じるには、時期尚早の感が否めないのです。

　「地域」の定義においても、それぞれの地域「性」が加味されるべきだと思われます。厚労省の定義では「中学校区を基本とする」とあるのですが、実際は中学校区よりもより広い範囲で日常生活圏域の設定が成されているようです[※2]（**図表1-2-4**）。

【図表1-2-4】日常生活圏域の設定状況

【設定された日常生活圏域の数】
5,712圏域（回答保険者1,568）
1保険者当たり平均3.64圏域を設定

【日常生活圏域の高齢者人口の規模】
- 10,000人以上 657圏域（11.5%）
- 6,000人以上10,000人未満 1,122圏域（19.6%）
- 3,000人以上6,000人未満 2,027圏域（35.5%）
- 3,000人未満 1,906圏域（33.4%）
- 圏域数 5,712

【日常生活圏域と地域包括支援センターの設置】
- 圏域ごとに地域包括支援センター（サブ・ブランチ含めず）を設置 1,024保険者（65.3%）
- サブ・ブランチを含めて圏域ごとに地域包括支援センターを設置 166保険者（10.6%）
- サブ・ブランチを含めて圏域ごとに地域包括支援センターを設置していない 378保険者（24.1%）
- 回答保険者 1,568

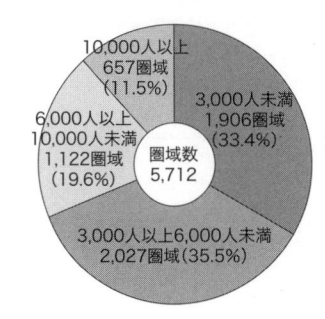

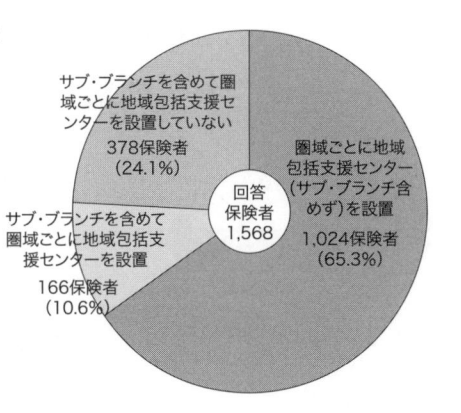

出典：「第5期市町村介護保険事業計画の策定過程等に係るアンケート調査結果について」（厚労省老健局介護保険計画課、平成24年8月21日）

　また、厚労省社会・援護局長の私的研究会「これからの地域福祉のあり方に関する研究会報告書」において以前より示されている「地域（1中学校区）の状況」（**図表1-2-5**）を見てもわかる通り、1人のクライエントの支援から捉えた際、この圏域内には膨大な「ひと・もの・かね」たる社会資源が存在することが理解されます。

【図表1-2-5】地域（1中学校区）の状況

全国の中学校数：10,992校

介護
6億522万円
（要介護認定者一人あたり154万円）

- 特別養護老人ホーム 0.52ヶ所
- 老人保健施設 0.30ヶ所
- 介護療養型医療施設 0.31ヶ所
- 地域包括支援センター 0.35ヶ所
- 在宅介護支援センター 0.44ヶ所
- 通所介護 1.81ヶ所
- 通所リハビリテーション 0.55ヶ所
- ケアマネジャー 7.12人
- 訪問介護 1.88ヶ所
- ヘルパー 12.47人

障害
8,139万円
（自立支援給付者一人あたり173万円）

児童
1億1,922万円
（保育所児一人あたり61万円）
- 主任児童委員 1.9人
- 保育所 2.08ヶ所

生活保護
2億3,858万円
（一被保護世帯あたり243万円）
（被保険者一人あたり173万円）

医療
29億4,759万円
（住民一人あたり25円）
- 病院 0.28ヶ所
- 診療所 8.86ヶ所

- 要介護認定者 394人
- 自立支援給付者数 47人
- 保育所児数 196人
- 被保護世帯数 98世帯（138人）

- 高齢者（65歳以上） 2,336人
- 一人暮らし老人 351人
- 老老世帯 478世帯

- 身体障害者 435人
- 知的障害者 66人
- 精神障害者 235人

- DV相談件数 5.32件
- 児童虐待相談件数 3.40件
- 15歳未満 1,594人
- 不登校児 11人
- 非行青少年 124人
- 母子家庭 68世帯
- 父子家庭 8世帯
- 外国人登録者数 142人

人口 11,623人

住民組織

- NPO法人 2.6団体
- 共同募金収入 171万円（1自治会・町内会あたり11万円）
- 社協会費・寄付金収入 171万円（1自治会・町内会あたり11万円）
- 自治会・町内会 16～17団体
- 民生委員・児童委員 21人
- ボランティア 672人
- 老人クラブ会員 731人
- 保健師 3.6人
- PTA
- 郵便局 2.2ヶ所
- コンビニ 1.66ヶ所
- 交番 1.23ヶ所

拠点
- 公民館 1.56ヶ所
- ふれあい・いきいきサロン 3.59ヶ所
- 空き店舗
- 空き家
- 空き教室

（注）1中学校区あたりの対象別費用及び一人（世帯）あたり平均の額については、一定の考え方による推計値である。

出典：「これからの地域福祉のあり方に関する研究会報告書」（厚労省社会・援護局、平成20年3月31日）

私も地域密着型サービスの運営を行う立場にありますが、中学校区の全国平均人口は約11,000人であり、その中で、クライエントの支援にかかる地域連携を行うことを鑑みれば、その範囲はいま少し狭い方がより機能するのではないかと経験上感じている所でもあります。中学校区であれば、関わる住民は、自治会長や民生委員といったキーパーソンのみに陥ってしまい、"サトウさん""ヤマダさん"といった"ヒラ"の住民と出逢う機会を喪失してしまう恐れがあるからです。このように、現在の地域包括ケアにおいては、その地域の捉え方が曖昧であるところにも課題があるように思えます。

　また、民間活力に委ねた事業所整備では、事業の採算性や利益率が優先されるため、都市部等の採算性の見込める圏域に事業の整備が集中し、そうではない過疎地域等では事業の空白地帯が生まれる「クリームスキミング（cream skimming）」が生じることになります。今後、計画的な事業所整備を行うためには、規制緩和ではなくむしろ公的な関与を強化する必要があると言えるでしょう。

　とりわけ重要なのは、「地域」とひと言で述べても全国津々浦々にその多様性が存在することです。先ほど**図表1-2-5**で示した中学校区の状況も、全国画一的であるはずもなく、むしろ、まったく同じ中学校区は世界中何処を探せど１つも無いことを付言しておきたいと思います。このような各地において、全国規模で地域包括ケアを推進していくのであれば、都市部に焦点化したモデルではなく、沿岸部・島嶼部・山間部・豪雪地帯等々の多様なモデルを示していくことも政府の役割として考えられます。

　以上の問題を究極論としてまとめれば、地域包括ケアに関して、その実践方法を定義づけることは不可能であるということです。ソーシャルワークやケアワークといった対人援助も究極的にはマニュアル化ができるものではありません。対象が人間である以上、

人々のニーズは画一化されたものでは断じてありませんし、固定化されて変化の無いものでもあり得ません。
　ニーズは、一人一人によって個別性があり、多様性に富んでいるものです。また、1人の人間のニーズも絶えず流動的・可塑的に変化を続けており、私たちは、クライエントの絶えず変わり続けるニーズにその時々の対応を迫られることになります。
　たとえば、昨日徘徊されていたクライエントの気持ちと、同じクライエントが本日徘徊されていたとしてその気持ちがまったく同じであることはありますまい。その両者が寸分の狂いもなく同じであればそれはマニュアル化によって対応ができるといえますが、そのようなことは当然にしてあり得ないわけです。であれば、私たちの実践は、その時々に変化を続けるクライエントの思いを察し、理解しながら、その時々に、その思いに応え得る対応をすることこそが重要であるといえます。
　このように考えれば、私たちの実践は、臨機応変性や即興性が求められており、その実践を成すためには、専門性と経験に裏打ちされた観察力・洞察力・思考力が必要不可欠であることは言うまでもありません。かつて、ソーシャルワークがアート（art）と呼ばれた理由もまさにここにあります。
　クライエントに多様でかつ可塑的なニーズがあるように、地域においても多様な地域性があり、その住民のニーズも全く同様に個別性と可塑性が根強く存在することを忘れてはなりません。したがって、その実践方法は地域ごとに数多の可能性があることが強調されるべきでしょう。地域包括ケアの実践方法は、地域によって際限なく多様なものがあることを前提として、私たちはそれぞれの地域性に応じた独自の展開を図っていくことが求められているのです。他の地域の実践をそのまま自らの地域での実践に当てはめても、その

多くは上手く機能しないことはいうまでもありません。

　実は、このことは、実践論にとどまらず、地方分権や住民自治の視点においても重要な視点となります。言い換えれば、社会福祉実践家である皆さんが、ソーシャルワークの視点に立って地域福祉活動に関わることは、民主主義の基礎や厚みを育むということでもあります。

　さて、実践方法においては画一的な定義が困難であることは述べたところですが、その拠り所となる価値や、考え方、実践の目的については、今後益々議論を重ね、その共通理解を深めていくことが必要です。その際に、政府や行政、研究職ではなく、実践者にこそその中核的な役割を担っていただきたいと願っています。その意において、これからの実践家には、自らの実践を外部に向けて説明ができる能力、言語化力が求められているといえます（**コラム②**）。以上の考察をもとに、私は地域包括ケアを次のように定義しています[3]。

> 「地域の要援護者を、地域住民で支え合う行為である」
> **注釈**
> ※「地域住民」とは、フォーマル・イン（セミ）フォーマル如何を問わず、その地域に存在するあらゆる社会資源を含有したもの。住民主体の視点を重要視しているため敢えて、「地域住民」の表記としている。
> ※「地域」とは、高齢者や子どもが、徒歩もしくは自転車で活動できるような物理的範囲を考え、自治会および小学校区程度の範囲と考える。
> ※「支え合う」とは要援護者も状況に応じて「支える側」に回ることがあることを前提に考えてのこと。

> ※大切なのはそのことを通して、地域住民の福祉教育（体験的学習）が成されること。
> ※あらゆる社会資源を活用して、事業所の良好な運営を支えることにもつながる営み。

　このように今後、多くの実践家の手によって、この地域包括ケアの理念・価値・目的といった実践の拠り所となる定義や考え方を、議論と実践を交えて構築していくべきだと認識しています。また、本書はこの定義に基づいた"解説書"の意義も有しています。以下においても、さらにこの定義に即した見解を示し、実践への理解を深めていきたいと思います。

※1　平成23年度地域包括支援センター運営マニュアル検討委員会「地域包括支援センター運営マニュアル2012」一般財団法人長寿社会開発センター、P.15、2012年3月
※2　厚生労働省老健局介護保険計画課「第5期市町村介護保険事業計画の策定過程等に係るアンケート調査結果について」2012年8月21日
※3　中島康晴「地域密着型サービスの開設条件」『介護ビジョン』PP.58-59、2008年10月

（5）地域包括ケアと公的責任の関係

　先ほどから「政府」の責任を重ねて述べていますが、介護保険における保険者は当然に基礎自治体です。よって、基礎自治体における責任も大きいことはいうまでもありません。
　しかしながら、たとえば次のような問題も見受けられます。各基礎自治体における第5期介護保険事業計画の策定は、「日常生活圏域ニーズ調査という新たな計画策定手法を導入」して行っているわけですが、その結果として「全体の8割強の保険者（1,322保険者）

で日常生活圏域ニーズ調査」の実施がみられましたが、「要介護者やサービス見込み量の推計に当たって、地域診断の結果を反映させたと回答した保険者の割合は、保険者全体の2割弱」程度にとどまったと報告されています※1。このことからも、基礎自治体にすべてを委ねるのではなく、やはり、政府がしっかりと公的責任において地域格差の是正を図っていくべきことが理解されるでしょう。

　公的責任のくだりが出てきましたので、ついでに、この点を少し補足しておきたいと思います。とりわけ介護福祉経営に携わる皆さんとは是非とも共有しておきたい内容です。

　我が国における人々の生存権と尊厳の保障は政府によってなされるべきものです。つまり、それは、地域包括ケアが支えるものではないのです。人々の暮らしの礎ともいえる生存権と尊厳の保障は地域包括ケアを導入せずとも政府が責任を持って行うべきです。また、私たち福祉専門職は、このような公的責任の追及は決して怠るべきではありません。その原理原則論としての認識なくして、地域包括ケアの推進を図るのは本末転倒です。

　また、政府が公的責任を果たした上で、その土台の上に、地域包括ケアを構築していくことによって、クライエントに対する支援の量と質は向上することとなります。

　たとえば、経済状況に応じた公的責任の逃避を補完する役割とその自動安定装置として、地域包括ケアがあるのであれば、公的支援は益々減退の憂き目にあうこととなり、これは明らかにクライエントの権利擁護からは懸け離れた代物となります。本来、地域包括ケアは、冒頭で述べたクライエントにとっての利益につながる可能性を秘めたものでなければなりません。しかし、それはその実践を重ねる私たちの拠り所いかんによるとも言えます。要するに、政府の提唱する地域包括ケアを、クライエントの権利擁護を中心に据えた

ものとして確実に捉え、真に国民のために使いこなせる理念と技術を私たち実践家が有しているのか…このことが問われているわけです。まさに、本節で述べてきたソーシャルワークの理論を拠り所とした実践がいま求められているのです。地域包括ケアには、このように諸刃の剣の作用があり、その刀の使い方によっては、クライエントを"切って"しまうこと、そして私たちの使命と誇りをも失墜させてしまうことに帰結することとなるでしょう。この点に留意が必要であることを本項では確認しておきたいと思います。

　以上、本節においては、地域包括ケアシステムを促進するためにはソーシャルワークの視点が不可欠であることを述べてきました。しかしそれを成すためには、養成カリキュラムや、福祉教育機関、専門職団体、実践機関におけるソーシャルワークの普及が不可欠であり、その責務があることも最後に確認しておきます。

※1　厚生労働省老健局介護保険計画課「第5期市町村介護保険事業計画の策定過程等に係るアンケート調査結果について」2012年8月21日

コラム② 言語化と専門性

　専門職とは、自らの実践を言語化できる人のことを言う――かねてからそう思って仕事をしてきました。たとえば、皆さんは、「ケアとは何か？」を専門外の人々にわかりやすく自身の言葉で説明ができるでしょうか。それができずに、私たちは、ケアを仕事としていると胸を張って言えるでしょうか。クライエントの尊厳を守る支援・その人らしさの支援・自立支援等々、私たちの現場には美しく・煌びやかな言葉が沢山あります。目の前のクライエントの「尊厳を守る」ために私たちは具体的に何をしなければならないのか、「その人らしさ」とは何か、「自立」とは何を指しているのか、これらが説明できなければそれぞれの支援は成し得ないものと思われます。厳しい見方をすれば、説明できないということは、単に"言葉遊び"をしているだけとも捉えることができます。
　島宗理氏は、「分かること」の定義として、以下の条件を挙げています。

「受講生全員に対して、私の授業では次のようなことができたときに『分かった』とみなすということを説明することにしている。
　◇その定義を言えるようになる（丸暗記でもOK）。
　◇その定義を自分の言葉で言い換えられるようになる。
　◇その定義にあてはまる例と例外を区別できるようになる。
　◇その定義の例を自分で考えられるようになる。

> 『分かった』ことをここまで具体的に定義すると、『分かっているけど説明できない』と主張する学生はいなくなる」[※1]。

　つまり、言語化して説明できないということは、理解していない・分かっていないということを示しているのです。また、理解していないことを実践するのは至難の業ではないでしょうか。煌びやかな言葉を唱えれば、その実践ができるわけではありません。その言葉の意味を理解し、組織で共通理解を図った上で、実践と検証を繰り返しながらその実践はなされていくものなのです。

　また、言語化には、もう1つ別の要素もあるようです。奥川幸子氏によれば、「臨床実践家の成熟過程」として、4つの段階を挙げていますが、まさにこの言語化ができる成熟度の段階は、最上位4段階のうち3段階に該当するといわれています。因みに、第1段階は、「基本の習得と他者の人生へ介入することへのエチケットを身につける」段階、第2段階で、「基本の見直しと成熟期で、徹底した自己検証と言語化作業の時期」、第3段階が「真のプロフェッショナルへの到達」の段階であり、「臨床実践のダイナミクス（目に見えない、かたちにならない世界）を根拠だてて映像的に言語化でき、異なる職種や分野への伝達も可能になる」とし、最後第4段階において「対人援助専門職を超えた世界へ」到達した段階となり、「〈もうひとりの《私》＝チェッカー〉の誕生により、自分自身の支援に信頼を持てる」ようになると説明があります[※2]。第4段階は、いわゆるセルフ・スーパービジョンができる段階とも読めますが、そう

考えれば、これは誰もが到達できるものでは無いのかもしれません。しかし、第3段階の専門職は、到達可能性も含め、すべての人々に是非とも目指していただきたいと思います。

　加えて、言語化するということ、説明するということは、人材育成の場面においても重要な要素になるといえます。実習生や新入職員に対して、実践の根拠や理由が説明できなければなりませんし、その説明はわかりやすいに越したことはありません。もちろん、敢えて熟慮してもらうために、説明を割愛する場面もあるでしょうが、それは、説明能力が無いこととは意味が異なります。いわゆる中堅職員や管理職は、職員を育成することが主な仕事となります。その役割においてこそ、実践の根拠や理由を理解し、それを他者にも理解してもらえる説明能力が求められているのです。

　また、池上彰氏も、汎用性の高いカタカナや「○○性」「○○的」といった「便利な言葉」を敢えて使わないことが、人々の理解を促進すると述べています。「カタカナ用語を他の表現で言い換えてみる。そうすることで、その用語やそれにまつわる事柄の理解がいっそう深まることでしょう。『利便性』という言葉は便利ですが、この言葉を使うことで、具体的な事柄は何も伝わらない可能性が出てきます。この言葉を使う人は、踏み込んだ思考をしていないことがあるということです。便利な言葉を使っていると、使う人が思考停止になってしまう恐れがあることを、知っておきましょう」[※3]。

　こちらも、福祉現場には、「徘徊」「○○拒否」「離設」等のたいへん"便利"な言葉があります。たとえば、クライエント

がある時間帯ににこやかな表情で、談話室から各居室、そして浴室に行って玄関から外出したとしても「徘徊」とひと言で言い表すことができるのですから。しかし、同じ「徘徊」という言葉でも、クライエントのその時々の状況や思いは異なります。その微妙な変化を感じて理解をする努力を怠れば、私たちは、良質なケアを提供することはできないでしょう。であるにもかかわらず、私たちは、この"便利"な「徘徊」という言葉を実に多用しています。そして、池上氏が述べるように、この「徘徊」を記録や会議で多用すればするほど、その時々に変遷するクライエントの状況や思いから私たちが遠ざかっていくように思うのです。ですので、私たちの法人では、これらの言葉をなるべく使わない会議や記録を職員に求めています。

　このように私たちの実践現場は、煌びやかで美しい言葉と、すべての事象を一言で表現できる便利な言葉で溢れ返っています。その一つ一つの言葉の意味に対する熟慮を怠れば怠るだけ、私たちの実践は、クライエントの思いから乖離し、自己の研鑽および職員教育にも支障を来してしまうことになります。逆説的にいえば、そこを熟慮する力、言語化力が身につくことによって、自らの専門性の向上と、職員の人材育成、さらには、クライエントのニーズへの接近が可能となることは紛れもない事実であるといえるのです。

※1　島宗理『インストラクショナルデザイン教師のためのルールブック』米田出版、PP.81-82、2007年6月
※2　奥川幸子『身体知と言語　対人援助技術を鍛える』中央法規、PP.451-456、2008年8月

※3　池上彰『「話す」「書く」「聞く」能力が仕事を変える！　伝える力』PHPビジネス新書、PP.147-148、2010年12月

3 社会資源とネットワーク化

(1) 社会資源の捉え方

　「社会資源を活用しクライエントの支援にそれをつなげる」「地域の社会資源と連携しクライエントの生活を支える」等々、社会資源は、昨今現場の中でもかなり使用頻度の高い言葉のように見受けられます。かねてより私は、自身が実践し用いる用語を、専門職は、自らの言葉で説明ができなければならないと考えてきました（**コラム②**）。自身の言葉で説明ができるということは、その中身を適切に理解していることを示しているからです。逆説的ですが、たとえば、あるケアマネジャーが、ケアマネジメントを自身の言葉で説明ができないということであれば、そのケアマネジャーは自身の本来すべき仕事の内容を理解せずにその実践を重ねていることになります。ソーシャルワーカーにとってのソーシャルワークも然りです。私たちは、身近に溢れる当たり前に用いる用語を自身の言葉で語る訓練を日々怠るべきではありません。それが、専門職としての自身の実践理解の促進と、職員の人材育成へとつながるからです。

　社会資源には、以下のようにさまざまな定義が見受けられます。

> 「社会的ニーズを充足するために活用できる、制度的・物的・人的な分野における諸要素、または関連する情報。具体的には、制度、機関、組織、施設・設備、資金、物品、さらに個人や集団が有する技能、知識、情報などである。また、社会資源を供給する主体から分類すると、家族、親戚、友人、同僚、近

> 隣、ボランティアなどのインフォーマル・セクターによるもの、および行政、法人などのフォーマル・セクターによるものとに分けることができる」[※1]
>
> 「社会資源とは物的資源、人的資源、財源、各種の制度、情報など広範なものを含んでいる」[※2]
>
> 「福祉サービスや各種の制度、地域住民による福祉活動など、問題解決の手段として役立てることのできる一切のものを"社会資源"という」[※3]

　ひと・もの・かねといった視覚で捉えることができる物質的なものばかりではなく、知識・技術・制度・情報といった人々の知的な資源をも社会資源と捉えている点は注視に値します。たとえば、次の記事にあるように、その情報が、クライエントに理解できる形でつながらなければそれは社会資源になり得ないわけです。「知的障害者のうち、基礎年金などの年金、手当を受給していない人は14.1％で、不受給の理由として『制度を知らない』が15.4％に上がった。『療育手帳』も5.8％が不所持で、その理由は『制度を知らない』(30.6％)が目立った」[※4]。

　この問題を解決するためには、クライエントが理解できるように支援者が情報を"加工""変換"する必要があります。このように社会資源は、ただそこにあるものをクライエントにつなげるだけではなく、クライエントが自ら活用できるように支援者が調整・改変を行う対象であることが理解できるでしょう。

　これらの定義から、社会資源は、ひと・もの・かね・制度・知識・情報であると説明することは可能です。しかし、実践論におい

ては、その概念の示す形式的範疇に拘わるのではなく、それをクライエントの支援に活用できなければ意味がありません。そうするためには、支援者がその視点と知見を有していることが前提条件となります。ではここで言う知見とは何を指すのでしょうか。少し考えてみたいと思います。

　図表1-3-1にあるように、私たちの仕事は社会資源とクライエントのニーズをつなぐことと、その接点に介入・調整を行うことがその任務であるといえます。それゆえ、私たちはその時々に変遷しているクライエントのニーズを捉えた上で、その都度適切な社会資源を繋げていくことが求められます。言い換えれば、社会資源を捉える視点と同時に、流動的・可塑的なクライエントのニーズを把握する観察力と洞察力が無ければ、社会資源は活用できないということになります。社会資源はただそこにあるだけで機能するものではなく、クライエントのニーズと平仄が合うときにこそ、その力を発揮するものなのです。

【図表1-3-1】社会福祉実践における社会資源の位置

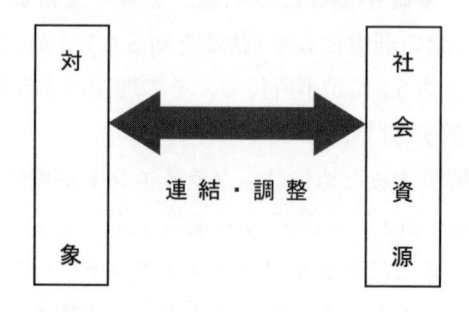

対象 ←→ 社会資源
連結・調整

対象となる個人・小集団・地域住民も資源としてカウントできるが、これらは社会資源ではなく内的資源とされる。

出典：北島英治・白澤政和・米本秀仁編著『新・社会福祉士養成テキストブック②社会福祉援助技術論（上）』ミネルヴァ書房、P.36、2007年3月

ここで確認しておきたいのは、クライエントの支援に活用するための社会資源を考える場合、クライエントの「問題解決の手段として役立てることのできる一切のもの」と社会資源を考えることが実践の肝所になるという点です。これは鈴木五郎氏の定義に拠るものです。クライエントのニーズに応え得る形で、クライエントに活用されてこそ、その資源は、社会福祉実践における社会資源たり得るのです。

　社会福祉実践においては、環境の重要な要素は資源であるといわれますが、その資源には内的資源と外的資源があるといわれています。クライエントの内部にある、あらゆる能力・力を内的資源と捉え、それ以外の外部の資源を外的資源、すなわち社会資源と捉えることができると考えるわけです（**図表1-3-2**）。

【図表1-3-2】社会資源とは？

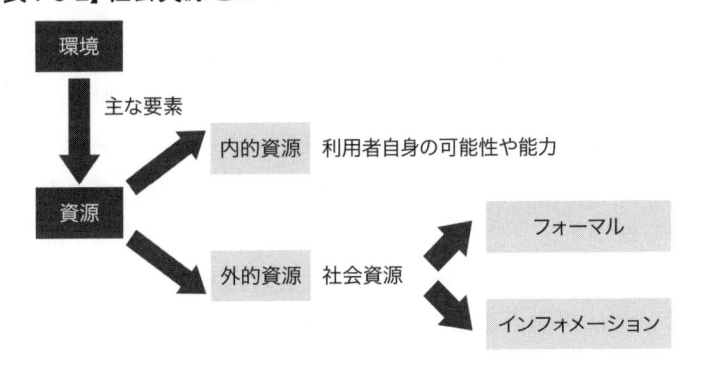

環境 → (主な要素) → 資源
資源 → 内的資源：利用者自身の可能性や能力
資源 → 外的資源：社会資源 → フォーマル／インフォメーション

参考：黒川昭登『臨床ケースワークの基礎理論』誠信書房、P.117、1985年

　この定義を用いれば、社会資源とは、クライエントの外部にあるあらゆる資源だと捉えられます。前に述べたひと・もの・かね・情報・知識・技術・制度などと列挙して言わずとも、クライエントの外部にあって、クライエントの支援に活用できる「あらゆるモノ」

が社会資源であると端的に捉えた方がわかりやすく、また、社会資源をより幅広く活用した実践を促進しやすいかもしれません。「これ」は活用の対象であり、「あれ」は活用の対象ではないといった活用範囲に制限のあるものが社会資源ではなく、クライエントの外部にあるあらゆるものと捉えて実践をすればよいのです。ひと・もの・かね・情報といったカテゴリーの分別に腐心することで、社会資源の多様な活用方法の可能性を狭めることがあってはなりません。

　このように考えていけば、社会資源をフォーマル（公的・専門的）・セミフォーマル（準公的・準専門的）・インフォーマル（非公的・非専門的）などと区別する必要性は、実は、実践論においてはあまり重要ではないということになります。むしろ、これらを峻別することによって、クライエントのニーズを起点にした自由な支援の発想が生まれにくくなることさえ起こり得ます。クライエントの支援を行うために、クライエントの外部にあるあらゆる資源を捉えた実践をすればよいだけなのに、介護保険サービスのフォーマル、地域住民等によるセミフォーマル・インフォーマルといった形で峻別して社会資源を捉えることで、専門職は無意識の内に、フォーマルなものだけを意識・優先してしまう傾向があるように思われます。

　しかしながら、クライエントの暮らしの全体性を鑑みた際、その支援を行うに当たってフォーマルな社会資源だけに着眼していてはそのニーズに対応することは困難です（第1章第1節第2項）。暮らしや生活の概念は非常に幅が広く、社会資源の全体性に着眼しない限り、それらを支えることはできないのです。

　以上の限界を注意深く意識しながら、ここでは本書の主旨を踏まえた形で、フォーマル・セミフォーマル・インフォーマルの整理をしておきたいと思います。ただし、整理を行う目的は、3つのカテゴリーにおける特性を理解した上で、より幅広く社会資源を捉えた

実践ができるようにするためです。何度も言いますが、クライエントの外部にあるすべてのものが社会資源です。社会福祉実践家には、社会資源を幅広く捉え、クライエントのニーズを中心に自由で創造性ある支援方法を検討することこそが求められているのです。

　ここでは先に、あまり聞き慣れないセミフォーマルについて説明をしておきます。たとえば、民生委員やボランティア団体、福祉NPO等の構成員など、一般住民と比較して彼らは一定の専門的知識と技能を有しているため、一般住民のインフォーマルとは区別して捉えたものがこのセミフォーマルです。確かに、社会福祉の概論や守秘義務等の研修を済ませた民生委員や、地域福祉活動の中核的な役割を担っている住民と、一般住民を同じ社会資源と捉えることには違和感があります。ただ、本書の特徴は、実践的で、実際に活用できる思考の方法を考えることにありますので、ただ単にカテゴリーを複雑化しただけではまったく意味がありません。具体的な活用方法は第3章「実践編」に譲りますが、クライエントのニーズに応じて、社会資源の3つのカテゴリーをその時々に組み合わせて活用していくことが肝要です。そのための有用性を求めて、この3つの特徴を捉えてみたいと思います。

　まず、フォーマルな社会資源の特徴ですが、制度の枠組みの中であったり、それを業として実践する私たちのような人々がフォーマルな社会資源として想定されます。これらの特徴は、持続性・継続性・安定性に優れていることが利点であり、他方、制度に依存するため、臨機応変性や融通性、即興性に欠けるところが短所だと言えそうです。

　インフォーマルな社会資源としては、普段福祉にあまり接点の無い一般住民等が想定されますので、フォーマルなそれと正反対の特性が考えられるでしょう。つまり、持続性や継続性、安定性に弱く、

逆に、臨機応変性や融通性、即興性に富んでいるということです。その意味において、インフォーマルな社会資源は、その導入時のみならず、その後の維持・支持・管理の関わりを行わなければ継続が困難となる事例も多いようです。

　セミフォーマルな社会資源は、その両者の中間に位置づけられるといえます。ただ、セミフォーマルは、フォーマル・インフォーマルの双方に近い立ち位置を有しており、そのどちらにも容易に接近することが可能な存在です。たとえば、私たち専門職が初めて、一般の地域住民に協力要請を行う場合、地域の民生委員やボランティア団体、福祉NPOといった人々に媒介・仲介をお願いすることは、一般住民との関係構築の有効な一つの方法として考えられるのではないでしょうか。その逆も然りで、一般住民から直接私たち専門職に相談が寄せられるよりも、身近な民生委員等にまずは相談を寄せ、その後、民生委員等を通して専門職に相談が成されるルートがあることも想定されます。セミフォーマルを媒介として、フォーマルとインフォーマルの連携を促進する視点も社会資源を捉える際の重要なポイントとなるでしょう。

　セミフォーマルについては、一つ補足をしておきます。セミフォーマルに位置する人々の声が必ずしも住民の総意であるというわけではないということです。社会福祉の意識が高く、かつ責任感の強い人々が、セミフォーマルな社会資源に該当することがありますが、その分、一般の住民との意識や思いとの間に齟齬が生じている事例が数多見受けられます。地域住民のニーズを捉える際に、セミフォーマルな領域の住民とだけ接点をもって評価をするのではなく、やはり、インフォーマルな領域の住民との直接的接点も欠かせないことをこの場で確認しておきたいと思います。

※1　狭間香代子『現代社会福祉辞典』有斐閣(CD版)、2003年
※2　髙田眞治「コミュニティワークの対象」『地域福祉援助技術論』相川書房、P.77、2004年10月
※3　鈴木五郎「コミュニティワークの展開過程」『新版　現代コミュニティワーク論』中央法規、P.132、2004年9月
※4　『毎日新聞』2007年1月29日

(2) 変革の対象としての社会資源

　本項では、クライエントのニーズに応じて社会資源を変革することの重要性を確認しておきたいと思います。これらは、ソーシャルワークの要諦と位置づけた社会的活動（ソーシャルアクション）にも関わる重要な指摘でもあります。

　私は、社会資源がただあるものなのではなく、それをクライエントのニーズにつなげればそれで良いわけではないと指摘しました。クライエントが「自ら」活用できるように、専門職が社会資源を調整・改変しなければならないということです。ですから、専門職が社会資源と向き合う際には、あるものを理解・把握することはもとより、既存にある社会資源をクライエントのニーズに応じて発掘・開発・創造する視点も欠かせません。無論、専門職の発達段階における習得の順序としては、まずは初期の段階で、既存の社会資源を確実に理解しておくことは最低限不可欠な営みといえます。ですが、専門性を高めていく過程においては、それだけでは不十分であり、クライエントのニーズに応じてその社会資源を変容させる力を有していることが求められます。社会資源は、あるものをクライエントのニーズにつなげるだけではなく、クライエントのニーズに応じて変革すべき対象であることは専門職として忘れてはならぬ要点といえます。

実は、社会資源に対する2つの捉え方（①把握する②改変する）は、その社会福祉実践における実践が何を拠り所としているのかによって変わってきます。**図表1-3-3**は、ケアマネジメントの各モデルをマトリックスを用いて表現したものです。左右軸にある「サービス優先アプローチ」か「ニーズ優先アプローチ」のいずれを取るのかによって、社会資源（サービス）の捉え方が異なることは想像に難く無いはずです。

【図表1-3-3】ケアマネジメント実践分析枠組からみた4つのケアマネジメントモデルの位置

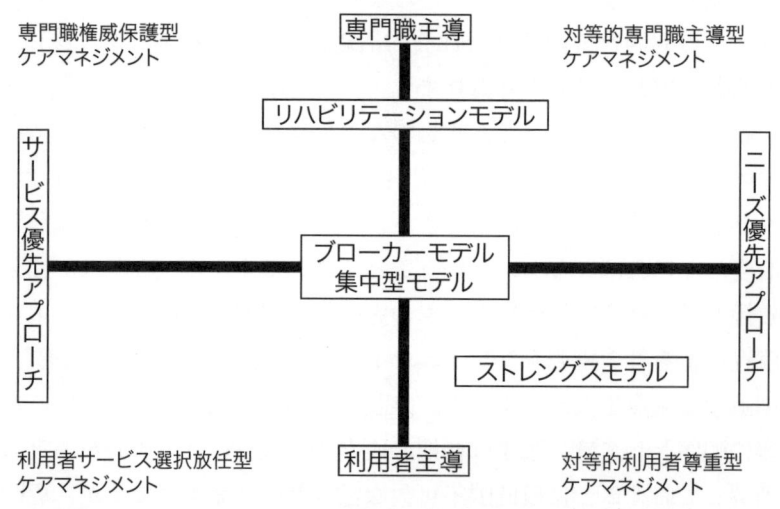

```
専門職権威保護型            専門職主導           対等的専門職主導型
ケアマネジメント                                  ケアマネジメント
                    ┌──────────────────┐
                    │ リハビリテーションモデル │
サ                  └──────────────────┘                  ニ
ー                                                          ー
ビ                  ┌──────────────────┐                  ズ
ス                  │   ブローカーモデル    │                  優
優                  │    集中型モデル      │                  先
先                  └──────────────────┘                  ア
ア                                                          プ
プ                          ┌──────────────┐              ロ
ロ                          │ ストレングスモデル │              ー
ー                          └──────────────┘              チ
チ
                         利用者主導
利用者サービス選択放任型                         対等的利用者尊重型
ケアマネジメント                                  ケアマネジメント
```

出典：岡田進一『ケアマネジメント原論』ワールドプランニング、P.27、2011年6月

　「サービス優先アプローチ」の場合は、今ある既存の社会資源（サービス）を中心にクライエントのニーズを捉えるため、社会資源の捉え方としてはその確認や把握が主となります。言い換えれば、既にある社会資源をもって、クライエントのニーズにいかに応えていくのか、という視点での実践であり、確認・把握でき得る既存の社

会資源を中心に、クライエントのニーズをあてがう・調整する実践となるでしょう。

これに対し、「ニーズ優先アプローチ」の場合は、クライエントのニーズを中心にそれに応えるために社会資源（サービス）をどのように捉えるのかという視点が芽生えてきます。したがって、クライエントのニーズに応じた形で社会資源を改変・調整する実践に自ずとつながるでしょう。

以上のように考えれば、1つの可能性として、「サービス優先アプローチ」では、社会資源を確認・把握することに留まる実践へ、「ニーズ優先アプローチ」では逆に、社会資源を発掘・開発・創出・創造すると言った変革の作用へ、それぞれつながっていくことが想定されます。

図表1-3-3においては、4つのケアマネジメントモデルが示されています。これらは、クライエントとその周囲の環境に応じて、クライエントにとって最適なものを取捨選択するというものであって、どのモデルがどのモデルよりも優れているという性格のものではありません。ただし、「ニーズ優先アプローチ」を「利用者主導」で進めていく傾向の強いストレングスモデルは、ケアマネジメントモデルの中でも、よりソーシャルワークに近いモデルであるといわれています。

一方、我が国で最も主流なモデルが、ブローカーモデルであると思われます。地域包括ケアを進めていくためには、そこにソーシャルワークの視点が重要であると述べましたが、であれば、クライエントの状況に応じて、ストレングスモデルの活用も意図して行っていく必要があるということになります。その観点からも、社会資源を把握するだけではなく、クライエントのニーズを中心にそれを変革する実践こそがソーシャルワークには求められているといえます

し、だからこそ、本書では、この後者の視点が重要であることを説明しているわけです。

社会資源を発掘・開発していく実践には大きく2つの方法があるといわれています。一般的には、「❶既存資源の修正（再資源化）、❷新規資源の立ち上げ」と説明されているようです[※1]。❶においては、既存の社会資源に本来の役割を超えた機能を持ってもらうよう働きかけることを意味します。たとえば、私たちの組織では、認知症対応型共同生活介護（グループホーム）において、不登校の児童や触法少年、障がい者をボランティアとして受け入れています。このように、本来であれば限定されたある対象者にのみサービスを提供する機関が、それ以外の対象者にも柔軟に対応するような働きかけを想定するものが❶に該当するわけです。

❶を実現するには、社会資源自らが、地域のニーズを理解し、その対応の必要性を認識した上で、臨機応変かつ柔軟に対応を行うことを決意しなければなりません。また、私たち専門職は、自らが所属する機関や組織に対してのみならず、他の機関・組織に対してもこのような実践を引き出す調整力・交渉力を有しておかねばなりません。

ここで、もう1例挙げて説明しておきましょう。昨今では、司法と福祉の連携が謳われるようになっています。そんな中、司法関係者は無論、一部の社会福祉実践家の間でも広く知られつつある刑務所の「福祉施設化」にかかる報道を紹介します。

報道紙面によれば、「女子刑務所の入所者がこの20年で倍増し、65歳以上の高齢者では10倍になった」ことを取り上げ、身体機能の低下した高齢者や認知症高齢者の介護を行う刑務官の姿が描かれています[※2]。実は、刑務所の「福祉施設化」は、高齢化のみが顕著なのではなく、以前から知的障がい者や精神障がい者が多数入所し

ていることも報じられていました※3。そして、この紙面の中で、自身としては日々問題意識を有しながらも、やはりそうかと再確認させられる以下のくだりがありました。

> 「国は2007年以降、社会福祉士を各刑務所に順次配置。栃木刑務所の社会福祉士の女性は、刑期を終えた人が介護施設に入る手続きに携わるが現状は厳しいという。『「元受刑者」というレッテルもあり、簡単に入所できない。福祉が受け入れたら、再び刑務所に来ずに済む人は多いのではないでしょうか』」※2。

　福祉施設が、福祉専門職が出所者を拒んでいる事実。これこそが、ある程度は予想していたものの、思わず目を逸らしてしまいたくなる現実でした。もちろん、これは福祉施設や福祉専門職だけがその責を負うべきものでは無く、そうせざるを得ないさまざまな要因がその社会的背景としてあることは推して知るべきでしょう。この事例からいえることは、我々の所属している機関や組織が、本来の社会福祉の在り方を理解した上で、ときとして、対象者や活動範囲をより緩和し、柔軟に設定した実践を行うことが求められているということです。そうで無ければ、いくら制度やサービスを整備したところで、その隙間から"零れ落ちる"人々を誰も"掬えない"状況が脈々と受け継がれていくことになります。

　❷は当然に❶よりも手間や予算がかかることが想定されます。❷の担い手は、専門職や地域住民あらゆる人々が想定されるものです。実は私たちの法人も、クライエントの直接ケアおよび支援に関わる専門職が地域福祉活動を実践するといった社会資源が不足している観点から立ち上げられたものですので、この❷に該当するものと思われます。このように、「新規資源の立ち上げ」は、時間と労力お

よび予算的にも敷居の高い方法であると言えるでしょう。一方で、既存に存在しない新しい取り組みを実践することが可能となり、その点、社会に変化を与える影響の大きさには期待が持てます。現実性・実行性で言えば、❶に軍配が上がるものの、社会に対する影響力としては❷に有利さがあるのかもしれません。いずれにせよ、クライエントとそれを取り巻く環境に応じて、いずれかを選択することとなりそうです。

　以上、社会福祉実践家が捉える社会資源について、基本的な考え方を示しました。少し前の段階に戻りますが、社会資源は、クライエントの支援に活用できるものでなければなりません。そう考えれば、社会資源が点在化し、各々がクライエントとつながっているのではなく、点在化した社会資源を"線"で結ぶあるいは、"面"で捉えていく実践も併せて不可欠となります。次項では、点在化した社会資源を、"線"や"面"で繋いでいくコーディネーションやネットワーキングについて叙述していきます。

※1　福富昌城『新・社会福祉士養成講座　8相談援助の理論と方法Ⅱ　第2版』中央法規、P.111、2010年2月
※2　森本美紀「『まるで福祉施設』女子刑務所で高齢者急増」『朝日新聞』2013年11月16日
※3　矯正統計(2012年度)によれば、2012年度の「新受刑者の罪名別能力検査値」で知能指数69以下の方の割合は、21.1％となっている(テスト不能者を含めれば24.4％)。

(3) ネットワーキングとコーディネーション

　外部との連携と言えば、社会福祉援助技術としてのコーディネーションやネットワーキングがあります。双方とも、「連携」「協働」「つながり」を意図した技術です。その中でも、コーディネーショ

ンの有効性としてたとえば社会福祉士養成テキストでは次のように書かれています。「クライエントからみた有効性」として、「❶多様なニーズの実現性、❷密室化によって生じる支配的援助関係の緩和、❸援助利用過程の煩雑さの緩和」、そして、「援助者からみた有効性」においては、「❶各援助者の役割の明確化、❷新しい役割・思考の発見、❸援助者間の相互援助の獲得」が挙げられます[※1]。

　障がいの定義に生活モデルが導入され、以来、福祉専門職の領域では生活支援の視点が強く求められるようになりました。しかしながら、生活とは質的・時間的にも非常に幅が広く、1人の専門職や一機関のみで支えることができないのが現実です。それゆえ、法人内部のみならず外部連携の必要性が生まれてくるわけですが、その連携はクライエントのためのみならず、職員に対しても有効性が認められることとなります。というのも、異なる環境で培われた専門性や組織性に触れることで、新しい考え方や気づきを獲得することができますし、異なる視点で相互助言を行うことも可能となるからです。

　また、法人内部であれば上司と部下の関係が大なり小なり問題となります。組織内に良好な人間関係が構築されていなければ、法人内において誰にも相談することができない状況が生まれ、その結果、孤立してしまう職員も少なからずいるはずです。法人内では本音で相談ができないことも、外部連携を通して、同じ立場や同じ悩みを抱えている職員同士が、悩みや情報を共有することができ、ひいては、そのストレスマネジメントにまで発展することはよく知られている事実です。

　このように外部連携は、専門職の人材育成やストレスマネジメントにまで寄与するわけですが、ここでは、クライエントにおける利点について強調しておきたいと思います。

1つ目は、今や日本には介護保険事業の種別が20種類以上存在し、恐らくこの種類の多さは世界に比類無き地位にあるものと思われます。数多ある社会資源のうち、介護保険事業だけでもこれほどの種類が存在するうえ、その名称もクライエントにとってわかりやすい名称ばかりではありません。定期巡回・随時対応型訪問介護看護、小規模多機能型居宅介護、複合型サービス等々、クライエントが混乱をしている場面も多くみられます。そこを調整・整理する専門職の関わりが必要であることはいうまでも無いでしょう。

　2つ目に、前項でも叙述した通り、クライエントの生活支援を実践するためには、地域に数多ある社会資源の把握のみならず、その発掘・創出といった変革の視点も欠かせません。実は、社会資源の発掘・創出の帰結として、ネットワークを捉えることもできます。創出されたネットワークもクライエントの社会資源たり得るのです。クライエントの多様な暮らしを支えるためにも、社会資源のネットワーク化は必要不可欠な実践であるといえます。

　3つ目に留意しておきたいことは、「密室化によって生じる支配的援助関係の緩和」に外部連携が繋がるということです。たとえば、旧来の大型施設等では、車いすに座ったクライエントが浴室前やトイレ前に"並べられている"様子が日常的にみられていました（このような施設は今は皆無であるとは信じていますが…）。説明するまでも無く、クライエントが車いすを自走し自らの意思に基づいて並んでいるのではなく、動線効率や時間効率を上げるために職員がまさに"並べていた"わけです。当時も第三者からみれば異様なこの風景も、その只中で働いている職員にとってみれば極当たり前の光景であったのだと思われます。

　では、なぜこのような感覚の齟齬が生じたのでしょうか。それは、「お世話をする側」と「お世話をされる側」のみが閉鎖的な空間の中

で24時間365日"同居"していることによって、両者の関係が「支配的援助関係」に陥ってしまったからだと推察されます。クライエントは、社会生活を送る上で、何らかの支援を必要としている人々ですから、当然に、職員よりも、身体機能や判断能力が「一般的」な尺度から見て低下していることが予想されます。つまり、クライエントと職員の力関係はバランスを欠いたものになっており、その中で、両者が対等な関係を築くには、"力を有する側"が"力の無い側"に対して一歩も二歩も下がって受容的な対応を意図的にとる必要があるのです（**コラム③**）。

　しかし、この点への想像力を欠く組織下および職員集団においては、両者のパワーバランスを欠いた状態のままケアが展開されることになります。その帰結として、職員の無意識のうちにクライエントがモノ扱いになってしまうことが、この事例の成り行きなのです。現在においても、多くの施設では程度差はあれど、適切とはいえないケアが行われる場面が数多存在することと思われます。しかし、その多くは職員が意識して行ったものではなく、無意識の内に対応した結果として生じたものです。そして、これら適切とはいえないケアは、やがて不適切なケアに進行し、とどのつまりは、それが虐待にまで発展するリスクがあることにも留意が必要です。閉鎖された空間の中で、普遍的で多様な関係は存在しにくく、非常に偏った関係がかえって深化することによって、「支配的援助関係」にそれが発展する危険性があるものと思われます。

　北欧の福祉国家では、高齢者住宅等の"施設"の1階では、地域住民や家族と入居者が共にランチを食し、団欒することが日常的です（**図表1-3-4**）。その理由としては2つのことが挙げられています。

　1つは、クライエントの継続的な支援のためにあることです。高齢者住宅に入居しても、旧来クライエントが培ってきた社会環境と

の関係を維持・発展できるように支援することを"施設"はその目的としているのです。"施設"に入居しても、地域住民や家族等の馴染みの関係者が"施設"を訪れ、共にランチをとることができるよう配慮することで、"施設"に入居しても今までの馴染みの関係が維持できる仕組みとなっているのです。

【図表1-3-4】スウェーデンのサービスハウスの食堂

2つ目は、前述の「支配的援助関係の緩和」がその目的の一つにあります。"施設"が閉鎖された空間とならないよう、その空間内の関係に偏向が生じないように、常に第三者が出入りをし、職員に適度な刺激を与え続けているのです。このことによって、サービスの質を担保し、クライエントに「普通」の生活を保障することを狙っているのです。

その他、実践論に関しては、後の章に譲りたいと思いますが、ここではネットワークや連携における考え方の留意点をソーシャルキャピタル（社会関係資本）の理論を用いて補足しておきたいと思います。

内閣府の資料では、「ソーシャル・キャピタルの明確な定義について一般的な合意が存在しているわけではない」としつつ、アメリカの政治学者ロバート・パットナム氏（Putnam,R）を参考に「人々

の協調行動を活発にすることによって社会の効率性を高めることのできる、『信頼』『規範』『ネットワーク』といった社会組織の特徴」と明記しています[※2]。ここでは、信頼を規範とした人々の結びつきのことを指しており、社会資源をただ単に線で繋いだだけの取り組みとは一線を画す視点が存在します。

また、高橋満氏はその性格について以下のように述べています。「①信頼関係で結ばれていること、②人びとが互酬性、つまり、お互い様だから〈助け合いましょう〉、〈わたくしが支援するよ〉という考えを持って結ばれていること、③そういう人たちが協同の活動をするということである」[※3]。そして、その性質を踏まえた上でソーシャルキャピタルを次のように定義しています。「お互いに気兼ねなく助け合いましょうという考えを持つ人が、信頼の絆によって結ばれている社会関係の力をソーシャルキャピタルという」[※3]。

本書が取り上げているコーディネーションやネットワークも、このような「信頼の絆」に裏打ちされたものでなければならないはずです。そしてこの「信頼の絆」や「社会関係の力」は、恐らくは、人々が出逢い、関わり、対話と活動を重ねた体験的な過程の中でこそ培われるものだと理解します。よって、私たち実践家は、この「信頼の絆」を意図しながら、共に語り合いそして活動するその過程こそを重要視する必要があるのでしょう。

本書では一貫して、ソーシャルワークを中核に据えた理論を展開しています。ソーシャルワークにおける個別支援では、私たちはクライエントとの良好な援助関係の構築が求められています。良好な援助関係、それは、「信頼の絆」に基づいた援助関係であると言えます。ソーシャルワーク実践の中心にはクライエントがいるわけですが、私たちはクライエントとは勿論、家族や地域住民といった周囲の人々とも信頼関係を構築していかなければならない専門職であ

るといえます。また、その援助過程において人々をつなぐ役割を担っているという意味において、人々の間に信頼関係を発掘・創出していく専門職であるともいえます。ソーシャルワーカーは、人々の個別の支援を通して、地域と社会に「信頼の絆」を敷衍していく専門職であるといって過言ではありません。「信頼の絆」の希薄化した社会にある"負の循環"を"正の循環"に変容させていく専門職ともいえるのです。

　ソーシャルキャピタルの社会的有用性として、稲葉陽二氏は以下の７つの分野においてその役割があると叙述しています。「①企業を中心とした経済活動、②地域社会の安定、③国民の福祉・健康、④教育のあり方、⑤情報化社会の影響、⑥格差を含めた経済的弱者への対応、⑦政府の効率」[※4]。人々の信頼の規範が地域にあれば、極論すれば自宅玄関の施錠は無用の長物となります。現に、一昔前の村社会ではこれらの営みが存在しましたし、今でも一部の地域においては同様の生活習慣が続けられています。逆に、この「信頼の絆」の希薄な地域においては、施錠はもとより、防犯システムの追加や、民間警備保障会社との契約が不可欠となってくるのでしょう。この「信頼の絆」の有無が、経済・社会といったマクロ領域のみならず、地域や組織といったメゾ領域、そして、個々の人々の暮らしにまで大きな影響を与えることは想像に難くはありません。

　この社会福祉実践を起点として、地域、社会へと広がる可能性を持つ「信頼の絆」をめぐっては、ソーシャルキャピタル理論の中で、２つの類型の重要性が謳われています。実践家としては、ソーシャルワーク実践との親和性のあるこのことにこそ強く着眼をしておきたいと思います。

　１つ目の類型は、「同質な者同士が結び付くボンディング（紐帯強化型）」。他方は、「異質な者同士を結び付けるブリッジング（橋

渡し型)」です※5。地縁や血縁に基づいて形成されているボンディング、ある目的のもとに集まった緩やかで幅広い人々によって形成されたブリッジング、このような２つの異なるソーシャルキャピタルが存在するのです。

　先のロバート・パットナム氏（Putnam,R）によれば、「接合型の社会関係資本《ボンディング》は、重要な属性（民族性、年齢、ジェンダー、社会階級等々）の面で互いに似通った人々を結びつけるのに対して、橋渡し型の社会関係資本《ブリッジング》は、互いに類似点のない人々を結びつける社会的ネットワークのことを指す。（中略）橋渡し型のネットワークの外部効果はプラスである可能性が大きいのに対して、（特定の社会的ニッチだけを対象として限定する）接合型のネットワークはマイナスの外部効果を生じる危険がより大きいからである。だからといって、接合型の集団が必ずしも悪いというわけではない。事実、我々のほとんどは、橋渡し型の社会的結びつきからよりも、接合型の結びつきから社会的支援を得ていることを示唆する証拠がある」（《　》内は中島）ということになります※6。

　仲良しグループが、逆説的に排除の理論で成り立っていることを鑑みれば、ボンディングに重点の置かれたネットワークでは、内部の統制が強化され、新しく自由な実践が困難な状況が生まれるかもしれません。また、既存のつながりに規定されないブリッジングを中核としたネットワークにおいては、内部の統制は弱く、自由な活動がしやすい反面、人々のつながりがボンディングほど強くないことに特徴があるようです。

　この２類型は、ソーシャルキャピタルの発展において双方無くてはならないものであり、それぞれの特徴を踏まえて、相互補完的に用いるべきだといわれています。私も、クライエントと地域の支援に欠かせぬネットワークの在り方として、**図表1-3-5**、**図表1-3-6**

のようにネットワークを地域に広げていくことが重要であると考えています。**図表1-3-5**では、同質型のネットワークをボンディングと捉え、その同質型ネットワーク間を繋ぐネットワークとしてブリッジングを位置づけています。

【図表1-3-5】ソーシャルキャピタルにおける連携のあり方①

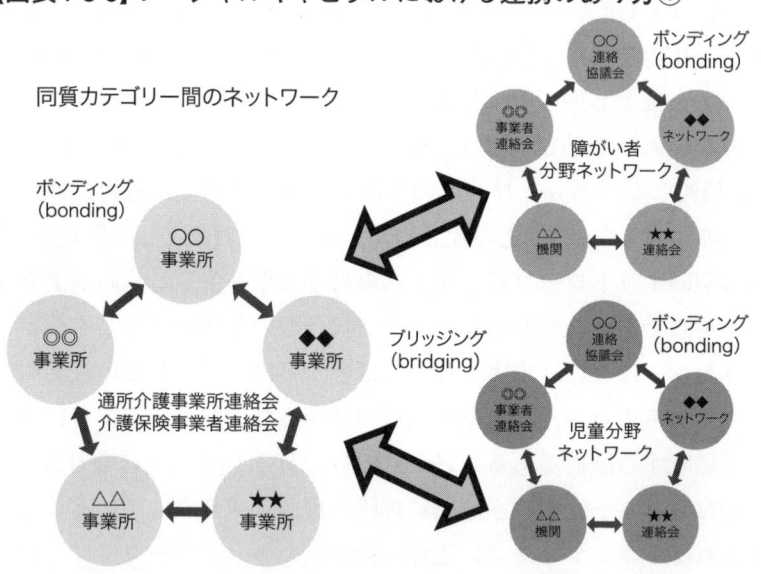

実践領域における同質型として想定されるのは、介護保険事業者間（通所介護事業者連絡会等の事業別ネットワークを含む）や、障害者総合支援法に係る地域生活支援事業者間、児童分野における事業者間等の専門領域毎のネットワークです。また、本来の地域包括ケアの対象領域は介護保険や高齢者分野に限定したものではありません（本章第2節第3項）。地域の課題は、要介護者や認知症の方にだけみられるものではなく、障がい分野、児童分野、生活困窮等あらゆる分野においても顕著です。よって、地域包括ケアの実践は、

高齢者分野等の特定の専門分野における連携だけでは到底成し得ないことが理解されるでしょう。

そこで、大事になってくるのは、自らの専門分野を超えた連携の在り方です。**図表1-3-5**では紙幅の都合上、社会福祉専門分野の広がりを上限とした図式を用いていますが、もちろんこの先には、司法や教育、建築、環境分野における専門分野や地域住民といったさらなる他分野とのブリッジングが想定されます。このブリッジングによる連携を通して、各々の同質カテゴリー内における連携はさらに発展を遂げていくことでしょう。

【図表1-3-6】ソーシャルキャピタルにおける連携のあり方②

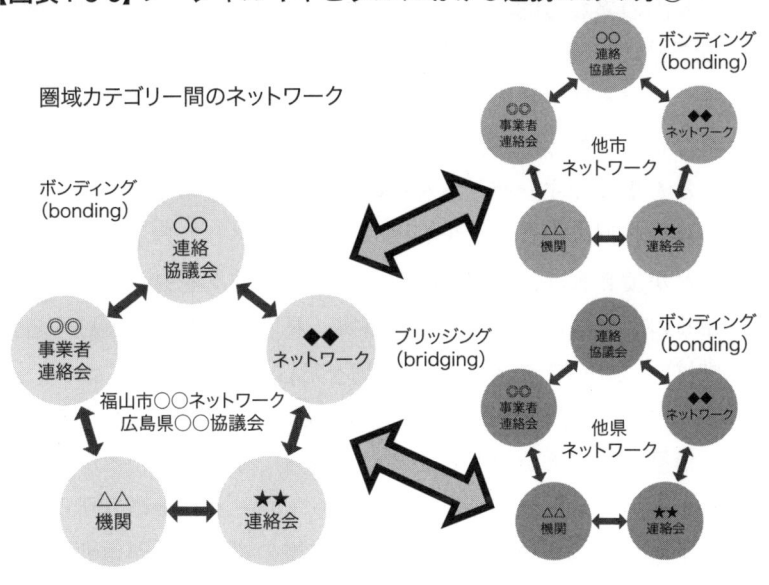

圏域カテゴリー間のネットワーク

また、**図表1-3-6**で示しているのは、同一圏域内におけるネットワークをボンディングと捉え、その圏域ネットワーク間をブリッジングでつないだネットワークの在り方です。地域包括ケアは、厚労

省の定義上では中学校区が示されていたり、また、クライエントの支援を行う地域の設定が考えられるわけですから、その直接的な実践においては、他の圏域との連携は不必要にも思えるかもしれません。

　しかし、限定された地域の中の実践では、自由でかつ新たな実践がなかなか生まれにくく、従来型の前例主義に則った実践が多くなるのも事実です。そんな中、他の圏域で行われている実践を目の当たりにしながら、自らの実践のそれを契機にする貪欲さが欠かせない要素となります。

　もちろん、規模や地理、気候、文化、歴史、宗教、言語、産業等の環境要因の異なる圏域における実践をそのまま自らの実践に取り入れることは困難であることは言うまでもありません。しかしながら、その異なる環境要因下の実践は、やはり、私たち実践家にとってそれは斬新であったり、卓越したものであると認識できるものが多いことも事実です。それらをそのまま模倣するのではなく、自らの置かれた状況に応じて、少しずつ改変・改良した形で実践に取り組むことができれば、それこそこのブリッジングを織り成した成果といえるのではないでしょうか。事実、私たちの組織の実践する地域活動は、"余所者（よそ）"を歓迎する活動を意図して取り組んでいます。"余所者"を歓迎できるまさに多様性を認め合える地域社会を住民と共に構築していきたいと考えているからです。

　これからの社会福祉実践家によるネットワーク構築の肝所は、まさに、領域と圏域を限定しない幅広い連携の模索こそが重要であることを示して、本章の締めくくりとしたいと思います。

※1　社会福祉士養成講座編集委員会編『新・社会福祉士養成講座　第2版　8相談援助の理論と方法Ⅱ』中央法規出版、P.78、2010年2月
※2　内閣府2002年度「ソーシャル・キャピタル：豊かな人間関係と市民活動の好循

環を求めて」「調査結果の概要」P.2、2003年6月
※3　高橋満『コミュニティワークの教育的実践　教育と福祉を結ぶ』東信堂、P.62、2013年4月
※4　稲葉陽二『ソーシャル・キャピタル　「信頼の絆」で解く現代経済・社会の諸課題』生産性出版、P.13、2009年12月
※5　稲葉陽二『ソーシャル・キャピタル　「信頼の絆」で解く現代経済・社会の諸課題』生産性出版、P.7、2009年12月
※6　ロバート・D・パットナム、クリスティン・A・ゴス著、猪口孝訳「社会関係資本とは何か」『流動化する民主主義　先進8ヵ国におけるソーシャル・キャピタル』ミネルヴァ書房、P.9-10、2013年7月

コラム③ 「支援」が「支配」に変容するとき

　身体・精神・社会面において暮らしの課題を抱えているクライエントとその支援に携わる私たちの関係が、権力関係に陥らないようにするためには一体何が必要なのでしょうか。このことは、私が、この分野で仕事を始めるにあたって真っ先に考えたことでした。また、実は今も自問自答すべきテーマであり、社会福祉実践家としての生涯に渡る重要なテーマの一つといえるかもしれません。

　特に、2000年の社会福祉基礎構造改革以降、サービス提供者とクライエントとの対等な関係が強く謳われてきました。また、その後、児童・DV・高齢・障がいの4つの分野の虐待防止法が施行されています。裏を返せば、それだけクライエントの権利が脆弱な状況にあることを政府が認めているともいえます。私たちは、まず、クライエントの権利が侵害されやすいものであることに強い自覚を持つ必要があるのです。

　心身の機能やそれに伴う判断能力の低下がみられるクライエントと支援者との間には、力の均衡が取れていない現実があります。端的にいうと"力のある側"と"力のない側"の関係がそこにあり、この関係に無自覚であればあるほど、両者の関係は支配・権力関係へと陥りやすくなるといえます。私は、障がいのある人々が「弱者」で、健常者を「強者」という二分法でのみ物事を捉えることには与しませんが、競争原理と効率優先の社会構造下にあることを前提とすれば、上記の二分法は、現下の社会において主流となる区分であると捉えています。つまり、

社会構造が、競争原理と効率化を中心に据えた画一化したあり方ではなく、価値観の多様性を尊重していかない限り、この二分法の関係からは脱却できないであろうと考えるのです。

　このことを踏まえつつも、"力のある側"と"力のない側"が対等な関係を構築するためには何が必要なのかを実践段階では考えておく必要があります。それは、"力のある側"が一歩も二歩も"下がって"、受容的な対応を意図的に行うしかないと私は考えます。いわゆる、受容・共感・傾聴を意図的に行う必要があるのです。そうすることによって初めて、クライエントの自己決定の尊重の基礎が担保されることとなります。一見当たり前のお話のようですが、実践家の多くはこのことに無自覚であるように見受けられます。恐らく、私たちは、無自覚にクライエントの権利を蔑ろにし、無意識にクライエントの自己決定を度外視していることがあるのではないでしょうか。

　悪意のある権利侵害は、本人にも自覚があり、また他者から見てもそれがわかりやすく早急な対応も可能となります。最もたちが悪いのが、無自覚・無意識の内に小さな権利侵害や不適切なケアが水面下で進行していくことにあります。私たちには、自らの立ち位置を時折立ち止まって確認する作業が必要です。

　限られた予算と、時間、人手でクライエントと向き合う中、その慌ただしい毎日の現場の中で、私たちは「経験的判断」を優先にした実践を無自覚に行っています。「経験的判断」とは、「私は何ができるのだろうか」「わたしはどんな選択肢を利用できるのだろうか」といった目の前の現実や出来事に関する判断

といわれています。一方、クライエントの尊厳とは何か、社会福祉実践の拠り所とは何か、ケア専門職はどうあるべきか、つまりは、「私は何をすべきなのか」「私にとって、何をするのが正しいことなのか」といった目的・価値などに関する判断を「価値判断」もしくは「道徳的判断」と呼ぶそうです[※1]。

　しかし、これら2つの判断はどちらを優先にすべきかといった、優先順位を確認するものではありません。双方の視点が大事であるといわれているものです。ですので、「経験的判断」も大切なのです。しかし、現場の只中にいると、どうしても「経験的判断」が優先され、「価値判断」が等閑になることが多いのではないでしょうか。

　確かに、私たちには、日々やり遂げなければならない決められた業務があり、限られた人員配置で援助活動を行っているわけですから、どうしても目先の業務に視点が奪われがちであることは否めません。であればこそ、私たちは、時折立ち止まって「価値判断」に基づき、自らの実践を点検する機会を設ける必要があります。それが、現場を離れた会議・事例検討会・研修会・読書等の場であるといえます。そのような機会を定期的に設けなければ、私たちはクライエントの権利を無自覚に蔑ろにしてしまう恐れがあります。

　そして、これらのことを共通理解した上で、私たちの法人では、「私たち地域の絆の行動指針」の中に「私たちとご利用者との約束」と題して、3つの行動指針を示しています。

①敬語でお話します。

②目線を同じ高さか、それ以下にしてお話します。
③命令形（「○○してください」）を使わずに、依頼形（「○○していただけますか」）を用います。

　当然にこれ以外に守るべきルールは数多あることでしょう。しかし、私たちの法人における目標・ルール等のさまざまな決めごとは３つであることを基本にしています。どれだけ多くとも７つまでが原則です。これは人の記憶の限界を鑑みてのことです。３つだと記憶の保持はもとより、想起まで瞬時に行うことが可能です。７つですと、保持はできますが、瞬時の想起は不可能です。もちろん、これは私の経験則ですから、個別性があり、７つでも瞬時に想起ができる方もいることでしょう。しかし、以上のことから、私たちの定める行動指針はこの３つに絞っています。逆に、この３つを押さえておくことで、最低限の権利侵害を防ぐことができるという項目を選定しています。これら３つの行動指針は、私たちとクライエントの関係が、権力関係に陥らないように、私たちが受容と共感を意図的に実践するように設けられたものです。ですので、サービス業だから設けているものなどでは断じてなく、クライエントを一人の人間として捉えるために、そして、その権利を侵害しないようにする歯止めの意味を込めて設けられたものです。

　私たちの社会には多くの関係においてそこに権力関係が存在します。上司と部下、教師と生徒、専門職とクライエント等。このことに無自覚であることは、対人援助職としてその実践に大きな瑕疵を有していると言えます。大変危険なことだと思い

ます。であればこそ、私たちは定期的に立ち止まって自らの立ち位置を確認し、これら現実に目を向ける必要があります。また、その共通理解を行った上で、その権力関係に歯止めをかけるにはどのような言動が具体的に求められているのかまで共有すべきです。これらの営みを通してでしか、「支援」が「支配」になることを避けることはできないでしょう。支援者が間違っても、支配者になることは許されないのです。しかも、それが無自覚・無意識の内に成されているとしたら…。

　最後に、クライエントに敬語を用いることに反論をいただくことがあります。その反論の要旨としては、堅苦しいのでクライエントとコミュニケーションが却って取りづらくなる、といったものが大半です。また、田舎に行けば敬語など使っていないという反論もあります。それらを受けても、やはり、私たちの法人では原則敬語を重要視しています。たとえば、私の周囲には年上の仕事仲間が数多おります。彼らと話すときには、私は敬語で話をしています。その年上の彼らとは、共に風呂に入ったり何でも話せる関係ですが、私は敬語を用いています。逆に、その彼らが65歳以上になり、要介護高齢者になって介護保険サービスを利用した途端、私は彼らに対して敬語を用いなくなるのでしょうか。もしそうだとしたら、そこにはどんな関係上の変化が起こっているのでしょうか。一言で言えば、要介護状態になった彼を私は軽んじているということではないでしょうか。しかも、無自覚のままに…。

　また、コミュニケーション論でいえば、言語的コミュニケーションと非言語的コミュニケーションの割合は35％と65％で

あるとか、7％と93％であるといわれています^{※2}。よって、敬語という言語が、コミュニケーションに与える影響は7％〜35％といっても過言ではありません。であれば、クライエントとの信頼関係や親密度を高めるために敬語が障壁になるという理論は成立しないと私は考えています。非言語を駆使すれば、いくらでも、親密度を高めるコミュニケーションを取ることが可能だからです。

　もちろん、ここには、クライエント本人がどう呼ばれたいのか、という問題があります。クライエントの意志が明確に確認され、敬語を使わないでくれ、と表明すれば我々はそのことを尊重すべきでしょう。しかし、クライエントの意志が曖昧な状況であれば、私は、無難な方を取った方が良いと考えています。つまり、敬語を用います。仮に、クライエントの意志が不明瞭であったとして、敬語で呼ばれたいと思っているクライエントに非敬語で接するよりも、敬語で呼ばれたいと思っていないクライエントに敬語で接することの方がクライエントに対する権利侵害の可能性は低いと認識しているからです。

　そして、ここには、敬語で話す話さない以上に、大きな問題がその背景にあることを理解すべきです。つまり、私たちが無自覚・無意識にクライエントと関わる限りにおいて、両者の力の不均衡が進行した帰結として、恐らくそのクライエントの権利の多くが蔑ろにされているという事実にあります。そのことに、畏敬の念を持ちながら、絶えず自認しながら実践を行うことによってこそ、クライエントを権利侵害から守り、ひいては、その権利擁護につながっていく未来への道筋が見えてくるとい

うものです。

※1　R.A.ダール『デモクラシーとは何か?』岩波書店、P.35、2010年10月
※2　マジョリー・F・ヴァーガス著、石丸 正訳『非言語コミュニケーション』新潮新書、P.15・P.99、2013年12月
「非言語コミュニケーション研究のリーダーの一人、レイ・L・バードウィステルは、対人コミュニケーションをつぎのように分析している——『二者間の対話では、ことばによって伝えられるメッセージ(コミュニケーションの内容)は、全体の三五パーセントにすぎず、残りの六五パーセントは、話しぶり、動作、ジェスチャー、相手との間のとり方など、ことば以外の手段によって伝えられる』と」
「アメリカで多年にわたり非言語コミュニケーションを研究しているアルパート・メラビアンは、人間の態度や性向を推定する場合、その人間のことばによって判断されるのはわずか七パーセントであり、残りの九三パーセントのうち、三八パーセントは周辺言語、五五パーセントは顔の表情によるものだと述べている」

第2章

実践における考え方
〔計画編〕

1 これからの地域福祉活動の担い手

　社会福祉事業法から社会福祉法に改題されたのが2000年でした。その社会福祉法の目的には、「地域福祉の推進を図る」ことが謳われ、また、「地域住民、社会福祉を目的とする事業を経営する者及び社会福祉に関する活動を行う者は、相互に協力し、福祉サービスを必要とする地域住民が地域社会を構成する一員として日常生活を営み、社会、経済、文化その他あらゆる分野の活動に参加する機会が与えられるように、地域福祉の推進に努めなければならない」ことも明文化されています[※1]。これによって、「地域福祉の推進を図ることを目的とする団体」として「社協」が位置づけられたものの[※2]、あらゆる社会福祉機関および専門職はその目的の一つに地域福祉の推進を定めなければならなくなりました。

　地域福祉の推進機関として社協が位置づけられていることは上記の通りですが、科学の発展と経済成長に伴うコミュニティの希薄化等、地域の福祉課題がこれだけ多様性と困難性を帯びている昨今、社協だけがこの課題を担いきると考えることは現実的ではなく、その影響もあってか1990年代頃よりその活動の成果が減退しているようにも見受けられます。今や地域福祉の実践は、社協の"専売特許"として、そこにすべてを押し付ける時代ではなくなったといえます。

　一方、2006年から創設された地域包括支援センターにおいても、地域における個別支援が中心となり、地域支援にまで十分に手が出せていない現状が窺えます。この現状を打破する方法には、いかなるものが想定されるのでしょうか。実現性と実効性の高い方法とし

て私は次のように考えています。今、既に地域で個別支援を展開している施設・事業所が、個別支援と地域支援の相互作用に着眼した上で、地域支援にまで裾野を広げた実践をすればよい。すなわち、施設・事業所の運営をソーシャルワーク理論に基づいて行えばよいと考えるものです。

　財政状況を鑑みた際、新たなセンターを創設するなどといった「センター構想」は現実的ではありませんし、既存のセンターとの棲み分けが不明瞭のままでは屋上屋を架す展開となってしまいます。そもそも、児童・障がい者・高齢者分野など個別支援を展開する社会福祉機関は地域に数多存在するのです。それらが、個別支援の展開に終始した実践ではなく、地域に直接働きかける実践を展開すれば全国津々浦々にある地域福祉は一定程度促進されるに違いありません。

　また、このような機関・職員が地域福祉活動を展開することには次の２つの特徴からくる利点があります。①顔の見える専門職であることと、②具体的な汗をかく専門職であること、です。

　①「顔の見える専門職」とは、その機関の所属する地域において地域住民たるクライエントの支援を行っているわけですから、その実践圏域が限定的であることが特徴として挙げられます。特に、地域密着型サービスにおいては、その対象範囲は専ら日常生活圏域に限定されるよう努めなければならないとされています。ですから、より狭い圏域における実践が成されるようになり、自治会長や民生委員、地域団体の役職者等の地域のキーパーソンとのみではなく、佐藤さん山田さんといった、いわゆる"ヒラ"の住民とも顔と顔の見える関係を構築することが可能となります。地域住民のニーズは、必ずしもキーパーソンによって把握されているわけではありませんので、そうではない"ヒラ"の住民との顔の見える関係づくりは地

域ニーズを把握する上でとても重要な営みとなります。

　②の「具体的な汗をかく専門職」とは、その機関に所属している専門職の仕事が、本来は限定的で且つ具体的であるために地域住民にとってわかりやすいことを指しています。たとえば、グループホームの職員であれば、介護の必要な認知症高齢者の共同住居における支援がその職務であるといえば地域住民にとっても伝わりやすいでしょう。一方、社協の職員の職務はその幅が広いためどうしても地域住民にはその職務が伝わりにくいのではないでしょうか。また、量的にも少ないためその具体的な実践が身近で展開されにくいという側面もあります。これは、社会福祉士の職務よりも、介護福祉士のそれの方がより地域住民には理解されやすいことと似ています。

　上記の理由から、これからの地域福祉活動の担い手として、介護福祉施設こそその筆頭に挙げるべきであると私は考えています。もちろん、本来地域支援を念頭に置いた人員配置や報酬基準の無い所に地域支援の仕事を増やすことは、却って現実性と実効性を欠くことになるかもし知れません。そこで留意しておきたいのは、クライエントの個別支援を中心に据えた地域との関係づくりや、地域支援を模索していけばそれで十分だということです。これは、前章におけるソーシャルワークの視点による社会福祉の実践であり、社会福祉専門職が本来有しておかねばならない視点に依拠したものであるといえます。

　この考え方の基底には、新しい実践方法の提案ではなく、本来の実践のあるべき姿に立ち返るという認識があります。クライエントの権利侵害を防止し、自己決定を尊重した個別支援を貫徹するためには、クライエントに対する直接支援のみならず、その周囲にある社会環境としての地域への関わり無くして成し得ないはずです。そ

の意味において、地域に関与しない個別支援などは本来存在し得ないと私は認識しています。

であれば、それが成されてこなかった今までの実践にこそ、猛省が促されるべきではないでしょうか。私たちに今求められているのは、新しい実践への取り組みではなく、本来のあるべき姿に向けての本質整理なのかもしれません。クライエントは地域に孤立した存在ではなく、私たち同様地域でその関係性の中で暮らしているわけですから、この援助方法は古今に相通じる「ことわり」であると捉えるべきです。

ここでは、岡本榮一氏らによる「なぎさの福祉コミュニティ」をご紹介しておきたいと思います。我が国における地域福祉研究は社協をモデルにしたものが実に多く見受けられます。私のように、クライエントの直接支援に係る施設・事業所運営を行う者たちを対象とした地域福祉研究は活発であるとはいえない状況です。次章で後述する私たちの実践は、この「なぎさの福祉コミュニティ」を意図して行ってきたものではありません。私自身がこの理論の存在を知るに至ったのもつい最近のことです。しかしながら、2011年5月の京都における講演会でこの岡本氏と共に登壇させていただく機会があり、そこで、私の実践は「なぎさの福祉コミュニティ」論と重なる部分が数多あるとの指摘を受けました[※3]。その後、本理論に触れる中で、学びを深めていったのです。私がお伝えしたい趣旨と多くの点で一致する内容ですので、ここでやや詳しく紹介をしておきたいと思います。

岡本氏の定義によれば、「特別養護老人ホームや児童養護施設などの福祉施設が、陸と海の間に展開されるなぎさのように、施設と地域社会の間に公共的な空間をつくり、そこにおいて継続的・意図的な支えあいや交流活動を生み出し、ノーマルな社会的・対人的

な地域社会関係の創造をめざすことをいう」※4とされています。その上で、施設が地域福祉の拠点となることについて、「福祉施設は2010（平成22）年10月1日現在で、入所型・通所型を含めて全国で8万9,277施設を数える。せめて、こうした福祉施設の半分でも3分の1でも、『施設の社会化』の名のもとになぎさを創造し、地域社会に向かって新たな挑戦をするならば、社会は変わるのではないかと感じたのである」※5とその思いを吐露しています。

　岡本氏は、これらの活動を進めていくためには、その推進役としての「施設コミュニティソーシャルワーカー」の配置が不可欠であると論じます。そして、具体的に「福祉施設で、本格的にこのなぎさのプログラムを運営しようとすれば、専門職員が3人ぐらいで兼務するにしても、合計すれば職員1人分ぐらいの役務となろう」とその数字を示して、さらにコミュニティソーシャルワーカーの役割として、次の5つの機能を示しています。「①主要な、なぎさのプログラムを担うボランティアなどの登録とオリエンテーションや研修の実施。②なぎさを構成する日々のプログラムの創造に関する、職員の役割や全体的なマネジメント。③施設利用者（クライエント）とボランティアや実習生などのマッチングに関するコーディネーション。④人的、物的事故、伝染性疾患などに対するリスクマネジメント。⑤在宅サービス、地域活動などに関し、地域の住民や団体、福祉などの専門機関、教育団体や機関、行政などとの連携を行うコミュニティワークなど」といった具合です※6。

　本理論に触れたことをきっかけに、私たちの法人では、職員に対してコミュニティソーシャルワーカー養成カリキュラムを創設し、そのカリキュラムに沿った研修体系を構築してきました。施設や事業所におけるまちづくりの拠点化には、蓄積された専門性と経験を有する人材の育成が欠かせないと認識させられたからです。当然な

がらこの人材は、ソーシャルワークのできる者でなければなりません。私たちの法人での取り組みとしては、財政状況から職員1名分の配置を行うことは難しく、あくまでも、当法人における施設コミュニティソーシャルワークの基本的な考え方を共通理解することを目的として実践を開始しました。

また、今後の展開としては、コミュニティソーシャルワーカーの任命や専属配置を視野に入れた実践を検討しています。社会資源のネットワーク化を進めるためには、その推進役たる人材の育成、そして、その人材が専らコーディネーションに専念できる配置を行うことが不可欠です。本書はその人材育成の一助となることを目指して構成・執筆されています。

最後に、コミュニティソーシャルワーカーの配置は、人員基準や報酬基準で定められぬ人員を施設・事業所の負担の上で配置するのではなく、公的・制度的な負担による配置が検討されるべきでしょう。これは、施設や事業所としての課題ではなく、地域包括ケアや地域福祉を推進する上で、政府が判断と負担をすべき事象であることを確認しておきましょう。

※1　社会福祉法「(目的) 第1条・(地域福祉の推進) 第4条」
※2　社会福祉法「(市町村社会福祉協議会及び地区社会福祉協議会) 第109条・(都道府県社会福祉協議会) 第110条」
※3　主催：特定非営利活動法人とらい・あんぐる＆日本人間関係学会エイジング部会「地域福祉の理論と実践を学ぶ講演会」日時：2011年5月22日14：00～17：30、場所：京都ノートルダム女子大学、ソフィア館 4階「4講」教室
※4　岡本榮一監修、新崎国広・守本友美・神部智司編著『なぎさの福祉コミュニティを拓く　福祉施設の新たな挑戦』大学教育出版、P.5、2013年5月
※5　岡本榮一監修、新崎国広・守本友美・神部智司編著『なぎさの福祉コミュニティを拓く　福祉施設の新たな挑戦』大学教育出版、P.2、2013年5月
※6　岡本榮一監修、新崎国広・守本友美・神部智司編著『なぎさの福祉コミュニティを拓く　福祉施設の新たな挑戦』大学教育出版、P.9、2013年5月

2 「主体的・能動的地域包括ケア」とストレングスモデル

　地域福祉はもとより本来の社会福祉の実践の在り方を鑑みたとき、クライエントは支援を受け続ける人として固定化された存在では決してなく、立場や環境が変わればクライエントが誰かを支援することも当然に想定されるべきものです。マズローのヒューマンニーズの階層（**図表2-2-1**）を用いて検討してもわかるように、第1段階および第2段階のクライエントのニーズを満たす実践にとどまっておればケアの質は高まらず、クライエントの暮らしの質も高まることは無いのでしょう。第3段階以上のニーズを満たすためには、そこには周囲の多様な関係性の構築が必要不可欠となります。つまり、第3段階以上のニーズの充足は、職員とクライエントだけの関係性では構築が難しい領域であるといえるのではないでしょうか。

【図表2-2-1】A.H.マズローによるニーズの階層制

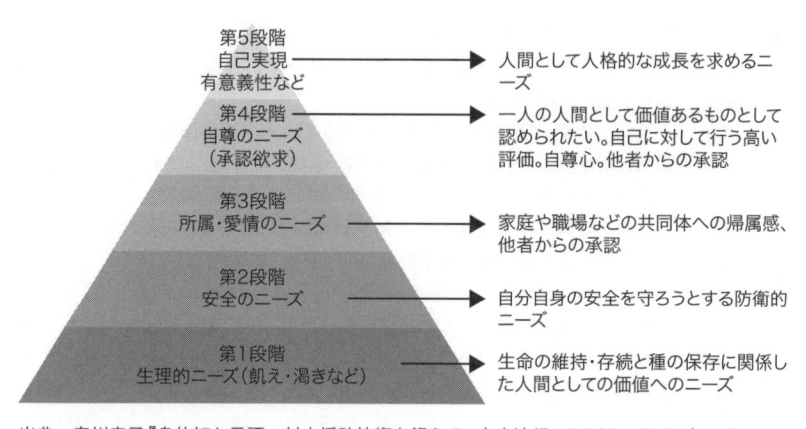

第5段階 自己実現 有意義性など	人間として人格的な成長を求めるニーズ
第4段階 自尊のニーズ（承認欲求）	一人の人間として価値あるものとして認められたい。自己に対して行う高い評価。自尊心。他者からの承認
第3段階 所属・愛情のニーズ	家庭や職場などの共同体への帰属感、他者からの承認
第2段階 安全のニーズ	自分自身の安全を守ろうとする防衛的ニーズ
第1段階 生理的ニーズ（飢え・渇きなど）	生命の維持・存続と種の保存に関係した人間としての価値へのニーズ

出典：奥川幸子『身体知と言語　対人援助技術を鍛える』中央法規、P.330、2008年8月

ここでは主に３つの実践事例を示す中で具体的な検討を試みたいと思います。まずは、**図表2-2-2**、**図表2-2-3**を用いて、私たちが運営する小規模多機能型居宅介護の事例を紹介します。

【図表2-2-2、図表2-2-3】要支援・要介護高齢者のボランティア

（地域福祉センター仁伍）

　写真の男性は当時、私たちのクライエントではなく地域にお住いの高齢者でした。この方をここでは仮にＡさんと呼びたいと思います。あるとき、突然事業所に来られ「ボランティアをさせて欲しい」との申し出がありました。話を聞けば地元の元中学校の校長をしていた方で、何でもいいから活動をさせてもらいたいと言うのです。この時点で、我々から見て、軽度認知障がいと思われる状況でした。厳格な方でもありましたので、何でも良いとは思えずにこちらが少し思案をしていると、「草取りでも何でもあるだろう」「何でも良いのでさせて欲しい」と言われましたので、こちらとしても雑草の生い茂る敷地内の草取りを依頼しました。

　Ａさんはその後、毎日来るようになり、**図表2-2-2**のように当事業所の敷地内の雑草は見る見るうちに刈り取られていきました。Ａさんにはボランティアに対する持論があるようで、１日のボランティア活動の中、昼食を事業所で摂られても必ずクライエントと同額の食費を事務所で納めていました。私たちの法人の規定では、１

日活動をされるボランティアの食費は法人負担となっており、その説明を行いましたが、「ボランティアが逆にお世話になっては何のためのボランティアか」と頑なに拒否をされ、毎回食費を納めていました。

　その後、敷地内の草をほぼすべて刈り取りを終えようとしたその頃から、事業所の管理者はＡさんの次の活動内容についての検討を始めました。私たちの法人の経営理念に則した実践を鑑みて、管理者は地域の子どもたちと事業所の接点をいみじくも模索をしている最中でした。そこで考え出されたのが、元中学校教諭のＡさんを先生として招いての書道教室の開催でした。Ａさんの得意とされる子どもへの指導とＡさんの意欲を引き出す実践の両面から考案された企画です。管理者はＡさんと相談の上、本企画を練り上げました。もちろん、対象は地域の子どもたちです。Ａさんの顔写真と名前、そして、Ａさんの呼びかけのコメントの入った書道教室開催の案内文を地域の回覧板を通じて配布し、月に１度の地域の子どもたちを対象とした書道教室が開催されました (**図表2-2-3**)。

　私は、実ははじめ、企画を見て面白いとは思いましたが、正直この実践が成就するのかについては疑心暗鬼でした。管理者の緻密な根回しがあってのことではありますが、蓋を開けてみれば満員御礼の状況に驚きを隠せませんでした。これに加えて、それから間もなく、管理者より月に２回の開催起案が挙がってきました。月に１回の開催では、子どもが多すぎて対応が難しいとのことでした。この書道教室は子どもたちの両親の人気を博したのです。私たちの地域福祉活動の方針としては、法人の持ち出しでは運営しないことを掲げております。つまり、赤字は出さない。理由は明瞭で、赤字を出し続ける事業に継続性はないことが一点、もう１つは、地域福祉活動の主体は地域住民であって事業所ではない点を重要視しているた

めです。よって、水道光熱費や書道に係る材料費はその実費分を参加費としていただいております。したがって、参加者からすれば決してタダではないのです。であるのに、夕方になればお母さんたちが子どもを連れて、小規模多機能型居宅介護の事業所にやって来る。

元中学校教諭なので、指導の仕方が上手いことは理解ができます。しかし、正直な所、わざわざ両親が子どもたちを連れてくる動機の核心が理解できませんでした。私たちは両親に聞き取りを行いました。そのときの両親の回答は次の通りでした。「昔の人の学ぶときの姿勢に触れさせたい」「高齢者から指導を受けることなど滅多にないので良い機会だと思っている」。つまり、高齢者と接点を奪われている子どもたちに、その機会を与えたいと当事業所に連れてきているというものです。この当時、私も管理者も30代でした。私たちは感慨深く考えました。私たちが持たない能力を、Aさんは持っていると。この両親のニーズに応えるものを実は私たちは持っていなかったのです。その後Aさんは、本格的に認知症が発症し、当事業所のクライエントとなりました。しかし、その後も書道教室の先生は続けられています。

この事例を通していえることは、①クライエントには、私たちよりも優れた能力があるという事実であり、②その優れた能力は多様な関係（ここでは、子ども・その親との接点）の中でこそ確認され、発揮されるということ、そして、③クライエントに優れた能力があることを専門職が認識することの重要性、最後に、④クライエントが地域の子どもたちのケアをしている、つまり、他者を支えることのでき得る事実、そのことを通して、「支える側」と「支えられる側」が関係性に応じてその立場を変化・往来させる事実が示唆されています。つまり、マズローのヒューマンニーズの階層の第3段階以上のクライエントのニーズを満たすためには、クライエントの強みを

第2章 実践における考え方（計画編）

97

生かした地域における役割の創出が不可欠であることが理解されるのではないでしょうか。

　以上の事例が示したのは、施設や事業所内で完結する職員とクライエントの関係だけでは、気づかされず認識されてこなかったそのクライエントの能力や強みを、地域の中における多様な関係の中でこそクライエントはその能力を発揮し、専門職もそのことに気づかされたという事実だったのです。そして、地域には多様な関係性があり、支える側と支えられる側は絶えずその立場を流動的に変えていることも浮き彫りになりました。

　この事例はストレングスモデルに基づいた実践であるともいえます。職員は、クライエントのストレングスに着眼した上で、そのストレングスを活かした役割を地域の中で意図的に創出しているのです。私が定義するストレングスモデルは以下の通りです。「クライエントの弱み（ウィークネス）にのみ着眼するのではなく、強み（ストレングス）にも着眼するケアマネジメントの１つのモデルであり、クライエントの持っている強み（意欲・嗜好・抱負・希望・夢等）のみではなく、環境の持つ強み（地域や家族との関係性や社会資源等）を同時に引き出し、クライエントの自己決定の促進と自己実現を目指すものである」。

　クライエントが環境との関係の中で、また、クライエント自身が有するストレングスに着眼し、そのストレングスを活かした暮らしを支援することによって、クライエントは自らの自信と能力を発揮することができ、ひいてはそれがクライエントの自己決定・自己実現への営みにつながるものと理解ができます。

　以上に関して実践論において大事になってくるのは、専門職自身が、クライエントに強みがあることを信じており、かつその強みに着眼すべき視点を有していることにあります。そもそも、人間は脳

科学的に人の弱みに着眼するきらいがあるそうです。パーソンセンタードケアの講演・執筆で著名な寺田真理子氏も以下のように述べています。「人間が普段考えることの9割以上はマイナスなことやネガティブなことだと言われています」[※1]。

　また、その根拠として脳科学者マーシー・シャイモフ氏の論文から以下の件を挙げています。「研究によれば、人は一日に六万個の物事を考えていて、その九五パーセントは前日も前々日も考えていたことだといいます。同じレコードを毎日繰り返しかけているようなもの、もしくはiPodで同じ曲を連続再生するようなものです。問題なのは、その習慣的な考えの約八〇パーセントがネガティブなものだということ。つまりほとんどの人は一日に四万五千回、（中略）後ろ向きの考えにとらわれているというのです」[※2]。

　もちろん、人々が何でもポジティブに判断して行動を起こせば、恐らく世の中は"衝突事故"の嵐の様相を帯びることでしょう。その意味において、これは人々が安定的な社会生活を送るための一種のリスク予防なのかもしれません。つまり、人間の私生活の中にこのような傾向があること自体は意味のあることかもしれないわけです。しかし、一方で、私たち専門職がこの陥穽に嵌ったままの状態でクライエントと向き合うことは危険です。なぜなら、意図して着眼しようとしない限り、私たちはクライエントの弱みに焦点を当てて援助活動を展開してしまうからです。人間が脳科学的に人々の弱みに着眼する傾向があったればこそ、私たち対人援助職は、意図してクライエントの強みに着眼しなければそれは永遠に見えてこないのかもしれません。また、その強みを際立たせてくれるクライエントの役割は、多様な他者との関係の中でこそ強く認識されるものです。

　クライエントの強みを活かした地域における役割の創出の視点と、

地域の中における多様な関係性の中でこそ、その強みを顕在化させることができるという視点、この２つの視点は可能な限り接近させることが重要です。したがって、私は、このストレングスモデルと地域包括ケアは表裏一体の関係として捉えています。また、先の事例にあるように、クライエントは、常に誰かの支援を受け続けるだけの存在では断じてなく、立場と環境そして関係性に応じて、また本人のストレングスの状況によって、他者を支える側に回ることがあるという視点を専門職は持ち続けなければなりません。それこそが、クライエントの自尊のニーズを満たすことにもつながるのでしょう。

　地域包括ケアは、クライエントがケアを受け続けるというケアではありません。クライエントのストレングスと環境の接点に専門職が介入することにより、クライエントが地域住民をケアすることもあるのです。私は、このようなケアを、クライエントの「主体的・能動的地域包括ケア」と命名しています。読者の皆さんには、是非ともこの主体的・能動的地域包括ケアの実践を全国各地で展開していただきたいと願っています。そして、地域が、支える側と支えられる側が常に流動的にその立場を変化・往来させ続ける可能性を秘めた多様な関係性によって成り立っていることも理解すべきでしょう。

　２つ目の事例は、私たちが運営する認知症対応型通所介護に関するものです（**図表2-2-4**）。この中で華道と茶道を指導されている女性は本事業所のクライエントです。ここでは、Ｂさんと呼ぶことにしましょう。認知症の症状は中等度ぐらいでしょうか。日常生活に支障はあるものの、華道と茶道の師範免状を持っておられ、華道と茶道をされる際は認知症を発症する前のＢさんと変わりのない立ち居振る舞いになるそうです。

【図表2-2-4】クライエントが生け花・お茶教室の先生を!!

(地域福祉センター鹿川)

　そこで、事業所のアクティビティにこの華道・茶道教室を盛り込み、Ｂさんに先生になっていただくことをＢさんの意思を確認の上管理者と職員で計画しました。

　この計画と、先のＡさんの事例における実践の大きな相違点は、教室の参加者１名につき50円程度の講師謝金がＢさんに支払われる仕組みにしたことです。Ａさんの事例においても、当初より謝金をＡさんに支払う計画を立てていたのですが、Ａさん自身のこだわりとして謝金は一切もらわないという約束から計画が実施されましたので、こちらが意図するようには話が進みませんでした。本事例では、材料費と講師謝金を合わせた金額を受講生たるクライエントが、先生たるクライエントに直接支払うことが実現したのです。

　私たちが、謝金にこだわる理由は、クライエントが成し得た役割の価値を本人に実感して欲しいと考えるからです。Ｂさんが教室の先生という役割を担って、それを最も実感するのは、その行為に対する感謝の言葉であったり、労いの声掛けであったりするのでしょう。しかし、最もわかりやすい営みが、金銭の授受なのではないかと私たちは考えるのです。ここでは、金額は大した問題ではありません。大事なのは、わずか50円であっても人から感謝の表現として、

また行為の対価として、金銭をいただいたという事実が、クライエントの自己有用感につながるものと我々が考えている点です。

3つ目の事例は、取り立ててお話をさせていただく内容ではないのかもしれません。私たちの各事業所では、職員は子どもと一緒に出勤のできる仕組みを取っています（**図表2-2-5**）。目的およびねらいは4つあります。①クライエントの居場所や役割の創出、②職員の働きやすい職場の創出、③要介護高齢者と接点を持つことによる子どもにとっての有益性、④子どもが出入りすることによって、地域住民にとっての事業所への関心が高くなること、です。

【図表2-2-5】子どもボランティア

子どもと同伴の出勤が可能（地域福祉センター向永谷）

上記1つ目のAさんの事例にあるように、多様な関係とは本来は、限定された人々との関係ではないことが前提です。しかし、介護現場においてそれを日常的に創出することには現実的な困難が伴ってしまいます。そこで、やや限定された多様な関係として、職員の子どもを事業所内に招き入れることで、クライエントと職員という1つの関係以上の多様性を担保しようと試みたのがこの取り組みです。支援をする側とされる側という職員とクライエントの関係に加えて、子どもが加わるだけで、**図表2-2-6**から**図表2-2-7**にまで関係の多様性が広がることを意図したものです。**図表2-2-6**では、クライエ

ントと職員の相互関係しか存在しませんが、**図表2-2-7**では、クライエントと子どもの関係、そして、子どもと職員の関係が創出されています。そして、二者間から三者間の関係になることによって、1つの関係を第三者として関わる関係が創出されていく様子を描いたのが**図表2-2-7**となります。

【図表2-2-6】多様な関係性考（クライエントと職員のみの関係）

クライエント　　　職員

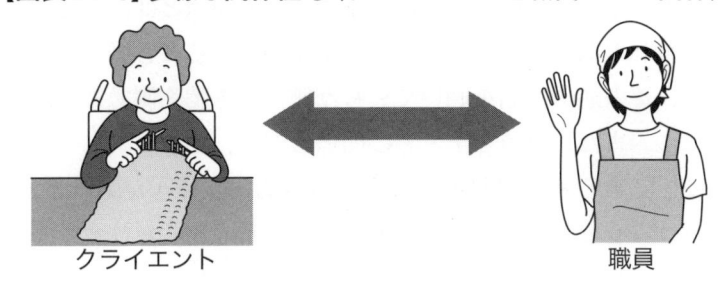

【図表2-2-7】多様な関係性考（クライエントと職員にその子どもを加えた関係）

子ども

クライエント　　　職員

実際に、子どもがそこに加わることで、クライエントと職員の関係に変化が見られる事例は枚挙にいとまがありません。職員に対して少し興奮気味になられたクライエントに子どもが加わることによって、落ち着きを取り戻されるなどの事象は決して珍しくはないのです。クライエントと職員のみの関係であれば、得てして支援をする側とされる側だけの関係に陥ってしまいがちです。そこに、クライエントと子どもの関係が加わります。その関係とは、ときに教える側と教わる側の関係であったり、叱る側と叱られる側の関係であったり、その逆に、話を聴いてもらう側と話を聴く側であったりするのです。また、職員と子どもの関係も然り、です。

　そして、これら本来の目的とは異なる目的として③があります。家庭における看取りや、自然環境との接点の希薄化した社会で暮らす子どもたちにとってみれば、加齢に伴い要介護状態となった高齢者の暮らしに触れてみることは人間の成長に欠かせない有意義な体験となると私は考えています。人間が年を重ねるということの意味、すなわち、生きるということの意味を体験的に理解する良い機会になるからです。

　人間、年を重ねれば、身体機能や判断能力の低下が起こります。そのことによって、誰かの支援を受けなければ暮らしが成り立たなくなるものです。これらの老化は、すべての人間に起こり得る共通の自然現象ですので、それを子どもたちに体験的に理解してもらいたいと思うのです。つまり、年をとること、その先にすべての人に等しく死があることを体験的に理解してもらう中で、生きるという意味を感じてもらいたいと思いますし、自然の摂理を学んでもらいたいと思うのです。その意において、クライエントは、子どもたちの成長に欠かせぬ重要な"教師"となり得ると言えます。そこにもクライエントの役割を見出すことができないかと思うのです。

本節では、個別支援であるストレングスモデルの延長線上に及びその促進のために社会資源との連携の重要性を説いてきました。白澤政和氏によれば、生活モデルの考えを用いてストレングスモデルを以下のように説明しています。

> 「第一に、これまでのケアマネジメントでは、利用者のウィークネスといえる問題状況を背景にして生じた生活問題を、ケアマネジャーが利用者と一緒になり解決を図ろうとしてきた。(中略)こうした方法は医学モデルのアプローチともいわれ、マイナスの状況をゼロの状況に取り戻すといった発想が強い。しかしながら、背景となるウィークネスを必ずしも解決できるとは限らない場合もある。(中略)第二には、利用者のストレングスにも焦点をあてることにより、従来は『問題をもった人間』という発想で捉えられてきた利用者を、弱さだけではなく強さももった人間全体として捉えることができるようになる。(中略)このアプローチはウィークネスを解決し、マイナスをゼロにしていくだけでなく、本人のストレングスを伸ばしていくといった意味で一般に『生活モデル』とも称される」[※3]。

　つまり、世界保健機関（WHO）によって2001年5月以降提唱されてきたICF（国際生活機能分類：International Classification of Functioning, Disability and Health）の生活モデルとは、クライエントのウィークネスとストレングスの双方に着眼したモデルであるといえるわけです。ストレングスとは、クライエントが環境との関係に有しているものも含め、クライエント自身が有するものの強さの概念です。具体的には、クライエントの有する意欲・嗜好・趣味・特技・抱負・希望・夢などが挙げられます。

私の経験上、また、私たちの法人の職員に対する聞き取りでも明らかになったのは、クライエントの特に長期目標、否、人生の目的たる夢や希望を捉えた実践は非常に少ないという事実でした。たとえば私は、多少の熱があっても仕事を休むことはありません。それは、私なりの夢や希望を仕事に抱いているからです。夢や希望があれば、いかなる苦難も乗り越えることができるでしょう。クライエントの暮らしにも、それは同様のことがいえるはずです。高齢者には、夢や希望が無いわけではありますまい。是非とも、クライエントの夢や希望を引き出すことを意図した実践を目指していただきたいところです。

　先の白澤氏の説明を用いてそれを、図式化したものが**図表2-2-8**となります。

【図表2-2-8】利用者の尊厳の保持をストレングスモデルから考える

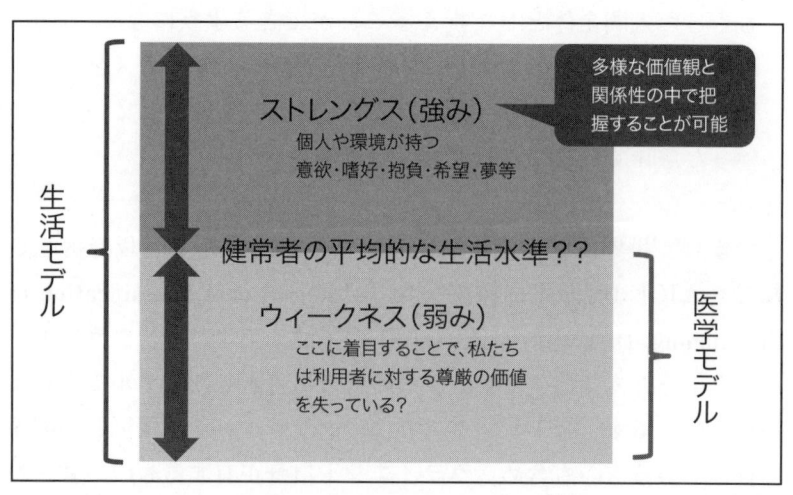

生活モデル
　ストレングス（強み）
　　個人や環境が持つ
　　意欲・嗜好・抱負・希望・夢等
　多様な価値観と関係性の中で把握することが可能
　健常者の平均的な生活水準??
　ウィークネス（弱み）
　　ここに着目することで、私たちは利用者に対する尊厳の価値を失っている?
医学モデル

参考：白澤政和『ストレングスモデルのケアマネジメント』ミネルヴァ書房、PP.2-3、2009年6月

少し乱暴な表現であることを申し添えての説明となりますが、仮に健常者の標準的な生活水準をプラスマイナス０と表現します。ウィークネスに着眼した支援とは、つまり、マイナスの領域に対する着眼であるといえます。下肢筋力の低下のため歩行困難、マイナス幾ら…。そのマイナスをゼロに近づけるためにリハビリテーションを実施したり、介護サービスを導入する営みがそれに当たります。
　しかし、これらマイナスの状況をゼロに戻すだけが人生ではありません。また、マイナスが確実にゼロに戻る保障もないのではないでしょうか。であるにもかかわらず私たちはいつまで、このマイナスをゼロにする実践ばかりを展開するのでしょうか。もちろん、マイナスをゼロに近づける実践もクライエントの暮らしを支える上では重要です。しかし、そこに着眼するのみならず上記の事例にあるようなクライエントのストレングスに着眼した実践こそが重要なのではないでしょうか。
　カンザス大学の調査によれば、ウィークネスに着目したアセスメントに基づくケアプランには多様性が見られないとの報告があります[※4]。ケアプランの多様性とは、まさに個別性のことを指すのでしょう。「できないこと」の定義は、恐らく定型化がしやすいのではないでしょうか。つまり、ウィークネスには個別性が表れにくい。もしくは、ウィークネスへの着眼が個別性を捉えにくくしていると私は考えています。ストレングスに着眼するということは、クライエントの個別性を尊重することにもつながるのです。一般的に考えれば、その人の特技や得手、夢や希望には個性が溢れているのではないでしょうか。
　加えて、私たち実践家がクライエントのウィークネスに焦点化した着眼をすることによって、私たちは無意識のうちにクライエントを何もできない人であると認識するようになるのです。そう、前述

した人間の脳の機構と相まって。それと同時に、支援を受けるクライエント自身も、自分は誰かの支援が無ければ何もできない存在だと自認してしまう"効果"があるかもしれません。クライエントに対する尊厳あるケア、そして、クライエント自身がその尊厳を自覚するためにも、私たちはストレングスに着眼した支援を展開する必要があるのです

　最後に、たとえ執拗であっても確認しておきたいことがあります。それは、私たちの実践において、クライエントの強みに着眼した上で、地域の多様な関係の中でその役割を創出することの重要性、そして、多様な関係性を有する地域の中でこそクライエントの強みに着眼ができるという事実です。地域の社会資源と幅広くつながることによってこそ、私たちはクライエントの自己有用感を引き出すことができるのです。

※1　寺田真理子『パーソンセンタードケア講座　認知症がある人と関わるためのはじめの一歩』全国コミュニティライフサポートセンター、PP.13-14、2010年10月
※2　マーシー・シャイモフ著、茂木健一郎訳『脳にいいことだけをやりなさい！』三笠書房、PP.80-81、2010年5月
※3　白澤政和『ストレングスモデルのケアマネジメント』ミネルヴァ書房、PP.2-3、2009年6月
※4　チャールズ・A・ラップ、リチャード・J・ゴスチャ著　田中英樹監訳『ストレングスモデル　精神障害者のためのケースマネジメント　第2版』金剛出版、PP.84-85、2010年7月
「ストレングスモデルは、クライエントの個別化を高める。(中略)過去10年間にわたりわれわれは、カンザス大学において、36以上の州の多くの機関における数千人の精神保健関係者によって行われた専門的な精神保健実践の方法を調査する機会を得た。(中略)より典型的なプログラムにおいては、支援計画や目標があまりにも似通っていたり、ほとんど同じであるため、これらの地域では2、3人のクライエントしか扱っていないのではないかと結論づける者がいるほどである。それらは包括的である。目標のうち90パーセントは以下のリストに含まれている。(1)個人の健康衛生を高めること、(2)日常生活技能を高めること、(3)社交技能を高めること、(4)就労能力を高めること、(5)処方された通りに正しく服薬する

こと、(6) 予約を遵守し治療計画に従うこと。これらの支援計画はその個別性の乏しさ、行動への指示や目標達成のためにとられる具体的な行動が不十分であること、時間枠とサービスを受けているクライエントの参加がないことなどがしばしば指摘されてきたが、もっともいまわしいことは、彼らがすべてのクライエントを同じとみなしていることが見てとれることである。(中略) それゆえわれわれは、このような、問題や病理を基にしたモデルはクライエントを均一化し、その個別化を妨げると信じている。ここから得られる教訓は、問題をどう経験するかはきわめて個人的であるにもかかわらず、人間の問題には限りがあり、多くの人々によって共有されているということである。一方、個人の独自性は、高度に特異的であるストレングスの機能以上のもののように思われる」

3 「地域の絆流」地域援助プロセスとは？

(1)「忙しい」私たちの職場

　本項ではまず、2011年9月〜10月に2つの市町村で実施した質問紙調査の結果の一部を紹介しておきたいと思います。調査対象にしたのは、両市町村内にある地域包括支援センターと地域密着型サービスでした。質問の内容は至って単純で、①「地域との関係づくりができていると思うか」そして、②その理由として、「どのような点でそのように感じられるのか」、最後に、③「地域との関係づくりにおいて、最も難しく感じていること」は何かを尋ねたものです。①は、「十分できている」「まあまあできている」「あまりできていない」「まったくできていない」の4件法での設問ですが、②と③は自由記載の設問とさせていただきました。総体的には67％の事業所が「できている」(「十分できている」5％、「まあまあできている」62％)と回答しており、地域密着型サービスの政策的な意図が一定程度実践に反映されている結果となりました。ここでは、①で「できていない」25％(「あまりできていない」23％、「まったくできていない」2％)と回答した方の②の理由について、また③の「難しく感じていること」についての自由記載の一部を紹介しておきたいと思います。

■祭りを開催したが職員の負担が大きい。
■日々の業務に追われるあまり地域の方との会話、行事への参加は現在後回しになっている。

■地域から出たニーズに対して、協力したくても事業所のサービス以外に人員を出すことが難しく、ニーズを分かっていても十分な協力ができない。
■利用者にとってプラスになるよう結びつけることが難しい。事業所の自己満足で終わる可能性がある。
■利用者の体調などもあり、一緒に参加できない。職員のみで地域の方と関わっていることもある。
■日々の業務に追われて時間が過ぎている感じ。もう少し、時間的にゆとりがあり、地域に根ざした活動ができればと思う。
■日常業務の多忙や、発信の仕方が難しいと感じる。

　いかがでしょうか。上記の回答からは、地域との関係づくりの必要性は感じているものの、クライエントの支援に忙しく、またクライエントの状況変化への対応もあり、なかなか、その関係づくりのための時間と人手が割けない現状を窺い知ることができます。前々節で叙述した制度・政策的な課題が浮き彫りとなっているといっても良いと思われます。一方、私たち介護福祉施設が、地域との連携を促進しなければならないことは前章の通りで、そこには戦略的な創意工夫が必要不可欠となります。

　クライエントの直接支援を行いながら、その支援と業務の傍らいかに地域と向き合う時間と労力を捻出することができるのかを考える必要があるのです。本書では、その意味において決して綺麗事やあるべき姿の正論に終始することなく、その実践方法を模索していきたいと思っています。具体的な実践方法は次章に譲るとして、ここでは、地域住民のニーズを「忙しい」私たちがいかに捉えるべきかを検討してみたいと思います。

（2）地域住民のニーズ調査の一方法例

　私たち対人援助職は、その対象となる人々のニーズを捉えた実践が求められていることはここではいうまでもないでしょう。一方私は、ニーズの重要性についての専門職間の共通理解はなされているものの、専門職によるニーズの捉え方には温度差が見受けられるように感じています。このことについては次項で触れることにします。

　本項では、「忙しい」私たちが、地域住民のニーズに接近する一つの方法を提示したいと思います。今からお伝えする内容は、私たちの法人における実績ある方法であることをまず初めに述べておきます。実際に行ったのは小規模多機能型居宅介護の職員でしたが、これは他の事業形態であっても実践が可能であると思われます。職員は特定の職員ではなく、全職員が調査に関わりました。実践の手順は以下の通りです。

> 調査対象者
> 事業所近隣住民
> 調査者
> 事業所全職員
> 準備物
> 附箋（ポストイット等）・「地域住民との日常会話記録」用紙（図表2-3-1）・ホワイトボード・その他（レコーダーやデジタルカメラ《より詳細な記録が必要な場合》）。
> 事前準備
> 全職員に対して、聞き取り調査の方法を説明する。
> 【説明の内容】
> ①出勤した職員（日勤帯職員）はその日の内に、頻度1回以上、

時間５分以上、地域住民と日常会話を行う。
※事業所の喫茶室や足湯等の地域交流スペースに来所された方や、クライエントとの外出中、職員の通勤途中などの機会を使って行っても良い。
※業務との関係上も、実施期間は２～３週間が適当と思われるが、期間は事前に定めておかなければならない。
②この「日常会話」は地域住民の地域生活ニーズを引き出すことを意図した会話であり、生活場面面接と位置付ける。
③特に初対面の親密度の高くない関係にある住民には、いきなり地域生活ニーズを尋ねても恐らく答えが返ってこない。また、ニーズといっても職員間でその捉え方に温度差があることも推察される。よって、ⓐここでは「地域生活ニーズ」を、地域生活をおくる上で「困っていること」「望んでいること」と便宜的な定義を行い職員間で共有しておく。ⓑその上で、地域住民に「困っていること」「望んでいること」を直接聞かずに日常会話を展開し、推測の中から「地域生活ニーズ」を汲み取っていく。
④同じ地域住民と会話の回数を重ねる際には、段階を踏んで掘り下げた会話を行うように意識する。
※挨拶レベルの会話・日常会話の回数を重ねて、親密度を醸成した上で、さらにプライバシーのレベルの高い親密度の高い内容の会話に移る。
⑤夕方のミーティングまでに所定の用紙（「地域住民との日常会話記録」）に会話の内容を記録する。
⑥ミーティング時にホワイトボードに⑤の用紙を張り出し情報の共有を図る。
⑦共有された情報を基に、翌日の会話を展開する。

> 方法

① 日勤帯に出勤した職員は1日当たり、頻度1回以上、時間5分以上、地域住民と会話を行う。

※実施期間は2週間～3週間。事前に具体的な日時を定めて実施すること。

② 実施した職員は、所定の用紙(「地域住民との日常会話記録」)に会話の内容を記録する。

③ ホワイトボードに用紙を貼付し、その日の情報をミーティングにて全職員で共有する。

④ ③で共有した情報を基に翌日の会話を展開する。

⑤ ①で定めた実施期間を終了後、②全用紙を基に地域住民の地域生活ニーズを分析する。このとき、用紙は30枚以上となることが目標。記録用紙を閲覧しながら、ニーズを思われる個所を附箋(ポストイット)に書き出す。その附箋(ポストイット)をKJ法[※1]でまとめる。優先順位を決めて上位5つ程度のカテゴリー(ニーズ)に対して、地域支援計画を作成する。

> 振り返り

① 当事者に直接話を聴くことの重要性を職員間で共有する。

② 地域支援の重要性とその具体的実践方法を体験したことの確認。

③ 対人援助職のコミュニケーションは、目的をもったものであることの確認。

④ 親密度(信頼度)の高低に応じて、会話の中身が変わってくることの理解。コミュニケーションの内容は、関係の段階に応じて規定されることの理解。

⑤ 写真・録音に対する分析を行い、職員の会話の質・態度・姿勢等の状況や変化を職員間で共有する。そのことで、①～④

の確認を行うこともできる。
⑥研修前と後で、どのような変化を感じたか、職員に感想を聞き取る。地域の捉え方がどのように変わったのかを問うてみるとよい。

【図表2-3-1】地域住民との会話記録

地域住民との日常会話記録

日付：　　年　　月　　日　場所：　　対象者名：　　記録者：	
会話の内容	気づき（推測されるニーズ等）

　ちなみに、当事業所が実際に、把握・分析を試みた地域住民の生活ニーズは以下の通りでした。■**以下の太字下線**がKJ法でまとめた項目です。その以下に箇条書きされているものが附箋（ポストイット）に書き出された「ニーズを思われる箇所」となります。

■当事業所の広報(事業所機能の周知不足)
事業所の広報をもっと積極的に地域住民に行うべきだ。
グランドゴルフ参加者への呼びかけをしてはどうか。
もっと、立ち寄りやすい雰囲気作りをした方が良い。
イベントのときの休憩所、処置所として事業所を活用してはどうか。
事業所のことは知っているが、入りにくいと思っている。
事業所に喫茶コーナーがあることを教えて欲しかった。

■町内の美化
広場の松の手入れをしたい。
地主が高齢者で庭の草取りができていない所がある。
町内の美化に努めたい。ずっと、気になっている。
草取りをする人を増やしたい。
松の剪定をする人が欲しい。
自分の家以外の道路や空き家などの草取りが気になっている。
広場の掃除を気づいた人しかしない。
広場の手入れをほかの人もしてくれたら良い。
きれいな町内にしたい。
共同で使う場所をきれいに保ちたい。
自分の所の管理は自分でして欲しい。近所に迷惑をかけないで欲しい。
地域清掃の人手が足りない。
庭や駐車場の手入れができなくて困っている。
清掃、草取り、ができない所がある。

■知識や才能を活かしたい
才能を生かせる場所が欲しい。
活躍できる場所があればと思っている。
ボランティアの募集があれば、教えて欲しい、活動したい。
退職後で、時間があるがすることがない。
毎日の時間の過ごし方を持て余している。暇な時間の過ごし方がわからない。
地域に貢献できるボランティア活動をしたい。
充実感のある時間を過ごしたい。
やりがいや居場所を探している。
家に居てもすることがなくて、グランドゴルフなどが唯一の生きがい。
家に居ると配偶者から叱られる。

■安全
殺人事件など、いつどこであるか、身近でもあり得ると考えている。
夜でも日中でも、外に出るのが怖い。
親が居なくても、子どもの見守りができている安全な地域になって欲しい。
広場で遊ぶ子どもの安全、見守りをする人がいればいいと思う。
子どもが安全に遊べる所があると良い。
子どもが安全に登下校できると良い。
子どもが安全でいられる町内を望んでいる。
子どもを見守ってくれる所があることが、ありがたいと思っている。
子どもたちが祭りの後、集まって広場で遊んでおり、帰ってこ

なくても心配していない。
事件等に巻き込まれることなく、安全に生活していきたい。
子どもが夕方になってもなかなか帰ってこないのが心配である。

■町内の交流（新興地と旧家の交流・近所づきあい・近所の情報）
散歩友達が欲しい。
近所の人との交流が減ってきている。
顔の見える付き合いが少ない。
近所づきあい、よりどころがない。
昔からの付き合いの人たち同士は仲が良い。
他者とのふれあいが少ない。
付き合いが濃い人と薄い人がある。
新しい出会いが欲しい。
自治会との交流が少なく、顔と名前が一致しない。
昼間は地域に出ている人が少ない。
地域住民間の交流ができていない。
地域に住んでいる人たちに地域のことを知って欲しい。
頼れる人を見つけたい。
話し相手が欲しい。
顔見知り、お互いを知っている環境がある。
隣近所に誰がいるのかわからない。
近所の人の情報が入らない。

■世代間の交流（若い人の参加率の低下）
もっと小学生が増えたらいいな。
若い人がいない。

マンション住民の地域活動参加率が低い。
マンション等、極端に交流が少ない所があるのでどうにかしたい。
年齢に壁がなく話し合える。
新しく転入してきた人たちとは、話しにくい。
自治会の班単位の交流が減少している。
隣にいる人がどなたかわからない。
新しく引っ越してきた人たちとの交流がない。

■文化の継承（行事に関心を持ってもらいたい・地域のことをもっと知って欲しい）
地域の歴史を若い人に知ってもらいたい、受け継いでいきたい。
若い人たちに、地域の伝統を知って欲しい。
昔から行われてきた祭りなどに、人々の関心がなくなってきたことを寂しく思っている。
地域の行事などの伝統を守っていく人がいない。
世代間の文化等の継承ができていない。
自分の住んでいる所だから、地域のことをもっと知って欲しい。
地域行事を大事に思って欲しい。

■グランドゴルフ
本当は、芝生でグランドゴルフがしたい。でも無理なのはわかっている。
公式のグランドゴルフがしたい。
早朝のグランドゴルフの練習のための照明が広場にあればよい。

■他地域との交流
他の地域とも交流していきたい。
グランドゴルフを通じて他地域と交流したい。

■もっと大きい広場が欲しい
近所に大きな広場があれば良い。
既存の広場がもっと広かったらよい（グランドゴルフがもっと楽しめる）。
どこか広い所はないのか、知りたい。

■行事の人手不足
イベント時の人手が足りない。
自治会のイベントに参加する人が少ない。
自治会行事の参加率を向上させたい。

■自治会行事の情報が欲しい
イベントがあることをもう少し事前に知らせて欲しい。
自分の住んでいる自治会のことを知って欲しい。
自治会以外での行事もあれば良い。

■ゴミを燃やす
ゴミを燃やすことについて、周囲に住んでいる人のことも考えて生活して欲しい。
地域住民間のトラブルになっている。
ゴミを燃やしたくても燃やせない。

■環境の整備
駐車場スペースが少ない。
照明等、広場の設備が充実すると良い。
道の舗装をして欲しい。
もっと、子どもの利用できる場所が欲しい。

■安全・衛生
安全に利用できるトイレが欲しい。
トイレや傷の手当をしてくれる所があればありがたい。

■後継者問題
空き地が増えているがそのまま放置されている。駐車場にでも活用できないか。
畑が駐車場になっている。畑をする人がいれば良いと思う。

■近所づきあいの大変さ
自治会内で、顔を知っていると、逆に苦情は言い難い。

■喫茶店が欲しい
近所に喫茶店が欲しい。
事業所の喫茶コーナーをもっと利用したい。

■地域のアピールをしたい
駅、スーパーなど近いので、利便性は良いと思っている。
利便性のある好きなこの地域の良さをもっと知ってもらいたい。アピールしたい。
地域の地理を知ってもらいたい。

いかがでしょうか。これらのやり方は、学術的にどうなのか、意見の分かれる所かもしれません。しかし、クライエントの直接支援・ケアを主たる仕事としている私たちが地域に向き合う際には、前項でも叙述した通りの実践家における苦悩として人的・時間的な制約があることも自明の事実です。その状況下において、私たち実践家が成せる取り組みとして検討したものが上記の方法です。
　本手法は実は職員教育のために私が導入したものでした。職員教育の意図は次の４点に集約されます。
　①ケア専門職が地域に着眼することの重要性を認識してもらう。そのことによって、地域に裾野を広げた実践を促進する。
　②ニーズを捉える際に最も重要な、当事者との関わりの中で察して知るという実践の理解を深める。
　③ニーズは、当事者自身の状況・当事者の周囲を取り巻く環境の状況・当事者とその環境との関係性・当事者と支援者の関係性に応じて絶えず変化をしていることを認識する。
　④親密度に応じたコミュニケーションの方法を考える。
　以上のように、本調査方法には、クライエントの直接支援・ケアを主たる業としている専門職の視野を、地域に広げていくための第一段階の研修効果もあると私は考えています。地域にどのような人々が暮らしていて、一人一人がどのような思いを抱いているのか。まずは、そこに触れる体験こそが重要であり、その体験を通して、地域と向き合うことの意味を考え、また、地域に対する興味を抱くものと思われます。地域に対する興味や関心を職員が抱くことこそが、職員が地域資源を捉える第一歩であり、それを起点に職員は、さらなる地域への観察力を養っていくのでしょう。興味や関心のないところで、人間の観察力は醸成されないものです。まずは、興味や関心を抱くところが活動の起点となるのです。

社会福祉実践の基本において、当事者の問題を解決するのは当事者本人であって、それ以外の人々ではありません。地域を捉える際にもこのことわりから逸脱することは許されません。一方で、この原理原則論が現場では軽んじられている傾向も見受けられます。クライエント不在のサービス担当者会議や運営推進会議、支援計画の作成などはよく見られる光景ではないでしょうか。

　現場は経験的判断に基づいて、実現可能な実践を選択しがちであるため、原理原則論やあるべき姿を意図した価値的判断に基づいた実践が希薄化する傾向にあります（**コラム③**）。地域福祉実践においてもまったく同様のことがいえるわけで、私たち実践家は常に当事者主体の原則を忘れてはなりません。クライエントの問題はクライエントにしか解決できない、地域の問題も地域住民にしか解決ができぬものであるとの捉え方は、実践論において忘れられがちな、しかしながら自明の理ともいえます。よって、地域住民のニーズは、地域住民との関わりの中でしか理解することができないわけです。

　当事者性・当事者主体の理解を促進するために、私たちはこれらのニーズ調査を実施する前に、職員が想像する地域住民のニーズをBS法[※2]で附箋（ポストイット）に書き出し、その後KJ法にて幾つかの想像上のニーズの明文化を試みました。当事者の話を聴くことなく作成した職員の想像上の地域住民のニーズと、実際に当事者から話を聴いてまとめたニーズを比較することで、職員はそこに明らかな相違点があることに気がつきます。そのことを通して、当事者から話を聴くことや、当事者との関わりの中でしかそのニーズを理解することができない原理原則論の理解に繋がるのではないかと思われます。

　本項では、介護福祉施設の職員が取り組める地域住民のニーズ調査として、その一つの方法を示してみました。では、本調査が真に

地域住民の地域生活ニーズを捉えているかといえばそうとは断言できないでしょう。それは、少なくとも、対象地域のすべての住民からの聞き取り調査ではないからです。

では、たとえば、その圏域内のすべての住民に対する聞き取り調査を行えばその把握ができるのでしょうか。その場合、住民間で意見の対立が生じた際には、どのようにそれを取り纏めるのでしょうか。また、一度ニーズ調査を行い分析結果が出ればそれが地域ニーズとして確定的なものとなるのでしょうか。今、学会などでは、コミュニティアセスメントのツールの開発が行われていますが、全国各地域に共通するコミュニティアセスメントのツールは果たして開発可能なのでしょうか。さまざまな疑問が湧いてきます。次項では、これら疑問に対する私なりの考えを披瀝したいと思います。

※1 大塚美和子『現代社会福祉辞典』有斐閣 (CD版) 2003年「文化人類学者の川喜田二郎によって考案された研究方法。彼の姓名の頭文字をとって名づけられた。複雑で混沌とした情報から、概念を抽出し、概念同士の構造や関係を明確化する発想法である。手続は、①1枚のカードに1項目ずつ自由なアイディアを書き出す。②記入されたカードを類似したもの同士にグループ編成する（小分けから大分けに進む）。③内容を圧縮化して見出しをつける。その後の手続は、図解で示す「KJ法A型」と、文章化を行う「KJ法B型」、両者を結合した「KJ法AB型」、「KJ法BA型」に分類される」

※2 濱嶋朗・竹内郁郎・石川晃弘編『社会学小辞典　新版』有斐閣、P.543、1997年1月「ブレーンストーミング (brainstorming) オズボーン (Osborn,A.F.) が1950年代に開発した創造的集団思考法のこと。10名内外の小集団の成員に課題を与え、課題解決のためのアイディアをできるだけ多く自由に出させて成果を期待するもの。その際、提出されたアイディアには批判や評価を加えない。企業における新製品開発などに利用される」

（3）「地域の絆流」地域福祉援助過程

地域住民の地域生活ニーズとは何か。これは社会福祉実践家の捉えるニーズ全般に対する認識にも関わってくる大きな問題なのでは

ないでしょうか。そもそもニーズとは何か？ という問題です。私たちが捉えるべきニーズには、少なくとも次の４つの要因が絶えず絡み合って形成されているものと思われます。

❶クライエントの状況
❷クライエントを取り巻く社会環境
❸クライエントと社会環境との関係性
❹クライエントと支援者の関係性

です。

❶については、アセスメントに関する考えが一定程度構築されています。たとえば、松山真氏によれば、「『バイオ（Bio）』『サイコ（Psycho）』『ソーシャル（Social）』の三つの側面に分けて理解する方法」で考えるとあります。そこでは、バイオを「人を肉体としてみる医学的見方で、疾病や障害の状況、介護の状況など」、サイコを「人の心理的、情緒的側面」、ソーシャルを「人の社会的側面であり、社会的役割や家族、近隣や会社での人間関係など」と説明しています[※1]。また、白澤政和氏による３つの視点に基づくものもあります。氏は、「アセスメント項目」として、「身体機能的状況」・「精神心理的状況」・「社会環境的状況」を挙げています[※2]。

松山氏の捉え方は、クライエントの「人」に対するものとして３つの側面を挙げています。一方、白澤氏の３つの視点においては、「人の部分は身体機能状況と精神心理状況に分けることとする」[※3]とありますので、ここには❶と❷の要素が含まれているものと思われます。

❷においては、先の白澤氏が「社会環境的状況」を、そして、松山氏によれば「『環境』は更に、（中略）三つに分けることができる」とした上で、「①クライエントに直接かかわる環境」として、「地域の環境」「家屋の状況」「経済的状況」を挙げ、「②社会保障制度な

ど社会に存在する環境」では、「法律」「制度」「社会サービス」「交通システム」を、そして、「③所属施設・機関の環境」（ソーシャルワーカーの機関の機能と権限の範囲、ソーシャルワーカーの能力など）において、「機関」「権限」「責任」「能力」について叙述しています[※4]。

❸は、社会福祉実践家が最も留意しなければならない部分です。私たちが捉えるクライエントの問題の核心は、実は、クライエントの内面と、クライエントを取り巻く周囲の環境に各々あると捉えるのではなく、両者の関係に齟齬や不整合、ときに軋轢や対立が生じていることにあります。つまり、社会福祉実践の肝所は、その問題の核心を、クライエント主体で改善・解消するために、この関係性を中心に据え、両者に介入を行う点にあるのです。

❹について言い得ることは、先の調査方法の説明で示したことが重要です。支援者とクライエントの関係性に応じて、支援者が把握できるクライエントの情報や思いは変遷していきます。親密度が低く、信頼関係もまったく醸成されていない時期に支援者が理解できるニーズと、親密度が極めて高く信頼関係の醸成された時期に引き出せるニーズとでは、その質は大きく変わってくることでしょう。親密度や信頼度の高まった関係においては、かなり踏み込んだ会話のやり取りも可能となり、よりプライバシーのレベルの高いクライエントの思いや感情に触れることができるのかもしれません。まさに、ニーズの発掘が可能になるのです。

上記では、個別支援におけるクライエントのニーズを捉える際の一般的な要素を列挙してみました。ここで最も大事な点は、これら4つの要素は絶えず流動的に変遷しているという事実のうちにあります。単純に考えてみてください。あなたが昨夜空腹であったとして、また、今日の日中また空腹であったとして、両者の空腹感はピッタリと重なり合うほど同じなのでしょうか。同じ空腹であっても、

その空腹度は異なるはずですし、空腹の感じ方も異なります。また、そのときの体調や状況、感情によって食べたいものも異なるはずです。今朝のクライエントの思いと、今夜のクライエントの思いは変化していて当たり前ですし、それが変わらないことの方が問題なのではないでしょうか。生きている、暮らしていると言うことはそういうことなのだと思います。

昨日「徘徊」していたクライエントが、本日も「徘徊」していたとして、その背景にある思いや感情はまったく同じなのでしょうか。同じであれば、私たちが同じ対応を繰り返し行うことで支援は完結します。しかし、実際はそうではないはずです。それは、クライエントのニーズが絶えず変化していることを示しているのではないでしょうか。このことは、私たちの実践が決してマニュアル化できないことを物語っているのです（前章第2節第4項）。私たちが捉えるニーズは、その前提条件として、流動的で可塑的なものであることを理解しておく必要があります。

個別支援におけるクライエントのニーズを捉えるにしても、地域支援における地域住民のニーズを理解する際にもニーズの流動性・可塑性はその本質を捉えるための大切な視点となります。社会福祉援助技術における援助過程は、一般に**図表2-3-2**のように示すことできます。

【図表2-3-2】社会福祉援助技術における援助過程

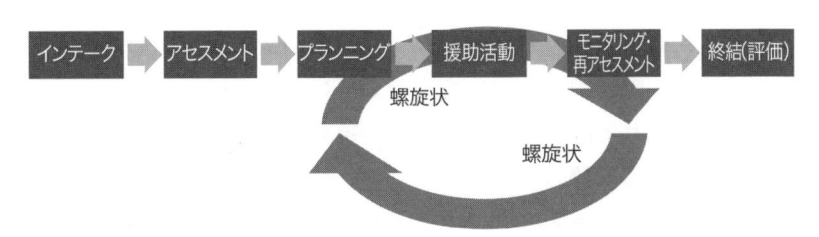

インテーク → アセスメント → プランニング → 援助活動 → モニタリング・再アセスメント → 終結（評価）

螺旋状　　螺旋状

この中で私が特に重要視しているのは、モニタリング（経過観察）とその後に行う再アセスメント（事後評価）にあります。なぜ、この部分を重要視するのかといいますと、初期のアセスメント（事前評価）の時期は、支援者とクライエントの関係性からも充分なクライエントの思いや情報を把握することが非常に難しい時期であると認識しているからです。

　一方、プランニング（援助計画の作成）後の実際の援助活動という関わりの中で知り得たクライエントの思いや情報は、事前評価時におけるアセスメントよりも随分掘り下げたものを認識することができるようになります。

　たとえば、初期アセスメントにおいて、クライエントの特技として料理を捉えたとします。しかし、この限りでは、料理の手順の内どのような過程を最も得意とされているのかであったり、具体的な味付けの好みであったり、調理方法の種類や質の程度などまでは把握することができないでしょう。これらの詳細なる思いや情報は、その後、実際の援助活動においてクライエントの料理場面を観察したり、協働作業で共に調理をする中で理解でき得るものだからです。極端な話、料理が好きだといわれていたが、実際にやってみるとそれ程でもないということもあり得ますし、野菜を切るのは好むがそれ以外に興味を示さないということだってあるでしょう。特に、言語化や判断能力の低下傾向にあるクライエントからその思いを聞き取るには、支援者の察して知る力、洞察力や気づく力が不可欠となります。支援者はその力を駆使して、援助活動という関わりの中で、クライエントの詳細なる思いを理解していくものです。

　そして、忘れてはならないことは、その詳細なるニーズも常に一定ではなく、❶〜❹の状況によって絶えず変化し続けていることです。ですので、図表2-3-2のモニタリング・再アセスメントからプ

ランニングに循環して戻る矢印は、螺旋状でなければならないのです。クライエントのニーズが絶えず変化している以上、まったく同じ援助を繰り返すことは無いからです。この螺旋状の循環過程こそが、社会福祉援助の要諦といえます。

　地域福祉活動においては、特に、初期のアセスメント（事前評価）の精度はさらに下がるのではないかと思われます。そもそも、個別支援におけるアセスメントと決定的に異なるのは、アセスメントツールが確立していないことにあります。もちろん、学会等で、コミュニティアセスメントの検討は成されていますし、その開発は進んでいるように見受けられます。しかし、個別支援のそれ程に、充分に実践レベルで活用できるものを見つけることができません。

　個人以上に、地域には多様な構成要素（規模や地理、気候、文化、歴史、宗教、言語、産業、環境等）が存在しているため、全国津々浦々の多様な地域を１つの指標で評価すること自体が困難なのではないかと私は解釈しています。となりますと、初期のアセスメントの段階で地域福祉活動は停滞してしまう可能性があります。特に、主たる業をクライエントの個別支援とする介護福祉施設においては、活動前の事前評価としてのアセスメントを地域住民に対して実施することは時間と労力の関係上困難を極めることでしょう。専門職の理論としては、アセスメントを実施し、対象者の社会生活ニーズを把握することから、援助計画を作成することが自明とされています。よって、端的な話、初期のアセスメントができなければ、その後の援助過程を回していくことができなくなるのではないでしょうか。

　以上の理由から、介護福祉施設には、地域福祉活動は実践できない、と結論づけても良いのでしょうか。私はそうは思いません。実践家であれば、実践の中で、本質から逸脱しない程度に、その臨機応変・柔軟な方法を考えるべきだと思います。それこそが、実践家

の醍醐味であり、実践家にしかなすことができない方法の開発であるといえます。

　私が心がけているのは、初期のアセスメントが困難であれば、そこには拘わらないということです。思い切っていえば、そこを"諦めて"、"捨てて"しまうということです。こうした発想に基づく介護福祉施設が行うべき地域援助の過程は**図表2-3-3**となります。

【図表2-3-3】地域援助技術における「地域の絆流」援助過程

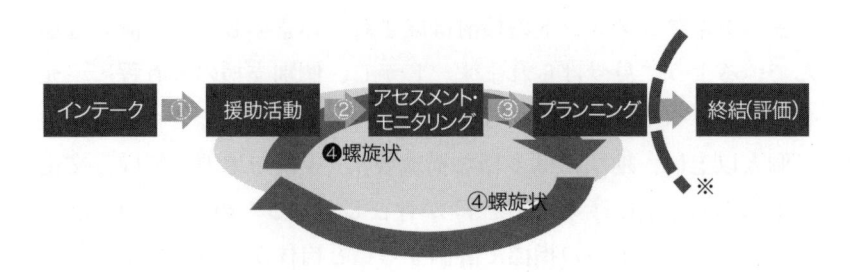

インテーク ① 援助活動 ② アセスメント・モニタリング ③ プランニング 終結（評価）
❹螺旋状　　④螺旋状　　※

①インテーク時、1人の住民の声など、暫定的な情報を基に援助活動を実践。
②援助活動やその関わりの中で、情報や思いを抽出し、それを暫定的に評価・分析する。
③暫定的な評価をもとに計画を策定・修正し、
④策定・修正した計画をもとに、実践を行う。
❹実施した活動から、新たな・その時々の情報や思いを抽出し、次への実践に繋げていく。
　※まちづくりは、10年・20年のスパンでなされるものなので、「終結・評価」は中々訪れない。

　初期のアセスメントには拘わらず、1人の地域住民の主訴からでも良いので、インテーク（受理）した地域住民の思いを元に、援助活動を展開してみる。その援助活動における地域住民との関わりの中で、さまざまな思いに触れ、情報を収集し、それらのモニタリング（経過観察）や再アセスメント（事後評価）を丁寧に行い、その分析のもと次のプランニング（援助計画の作成）を実施する。その援助計画をもとに、次の援助活動を展開する、というように。

　そもそも、「ニーズ」が流動的で可塑的なものである以上、援助

過程において最も重要視すべきは、絶え間なく変化し続ける「ニーズ」の動きを捉えるモニタリングや再アセスメントということになります。であるならば、その多様性が顕著で、その初期のアセスメントが困難である地域援助活動において、我々はそこに敢えてこだわりを持たずに、「まずは、何かをやってみる」ことにしました。その「やってみる」間に、地域住民とのさまざまな関わりがあり、その協働の中で、住民のさまざまな思いや情報に触れることができることに気がつきました。そう、関わりの中でニーズを発掘していくのです。その知り得た思いと情報・発掘されたニーズを整理・分析し、次への活動内容を検討・実施するという展開を実践の中で編み出したのが**図表2-3-3**なのです。

わかりやすく架空の例を用いて説明をしておきたいと思います。あくまでも、理解を促進するための例となりますので、非現実的な部分や、単純過ぎる部分はご宥恕ください。

> ■ある住民からこの地域では昔から餅つきが頻繁に行われていたのに最近はまったく行われなくなった。もう一度どこかが再開すれば、皆協力してくれるし、それを契機に地域が活気づくのに…、といった声を受け止める(インテーク)。
> ■①一緒にやってみましょうと反応し、その際に誰か協力者を募りましょうと言う。
> ■インテークで訴えのあった住民と、協力者の住民とで、餅つき大会を実施する(援助活動)。
> ■②餅つき大会の準備期間や、当日の運営、そして、反省会などの過程で、参加した地域住民からいろいろな話を伺う。たとえば、実はこの地域には一人暮らしの高齢者が沢山いて、行き場がなく寂しくされている。今日の餅つきにも声をかけ

- ■てあげればよかった、などといった話を聴く。
- ■知り得た情報をもとに、今回の参加住民の「ニーズ」を評価・分析する（モニタリング・再アセスメント）。
- ■③ここでは、一人暮らしの高齢者の居場所が地域にないことが挙げられる。
- ■一人暮らしの高齢者の居場所づくりとしてのサロン活動の実施を計画する（プランニング）。
- ■④情報提供者と共に、また、サロン活動の運営に興味のある住民にも裾野を広げた展開を行っていく。
- ■一人暮らしの高齢者を対象にしたサロン活動を実施する（援助活動）。
- ■❹サロン活動の運営過程の中で、地域住民との意見交換や、情報収集を行う。サロン活動に来ることのできる高齢者はまだ恵まれている。実は、引きこもって外には出てこられない一人暮らし高齢者が何人かいる。その情報は民生委員に聞けばわかる、などの話を聴く。
- ■民生委員を交えて、意見交換を行い情報の整理・分析を行う（モニタリング・再アセスメント）。
- ■引きこもりの一人暮らし高齢者世帯に対する「見守り隊」を地域に編成する計画を立案する（プランニング）。……

　重要なのは、地域活動の中で知り得た地域住民の思いや情報をもとに、実践の内容やときに方法自体を変えていくことにあります。対象とする地域住民によって実践の内容は当然に変わってきますし、同じ住民を対象としていてもその思いは絶えず変化しているのです。日常的に小さな変更を加えながら、ときに方法そのものも大きく変

えていく実践が不可欠といえます。

　ここでは大きく2つの事例を紹介しておきます。**図表2-3-4、図表2-3-5**は、私たちの運営する小規模多機能型居宅介護における実践場面です。

【図表2-3-4】井戸端会議から保健教室へ①

（地域福祉センター向永谷）

【図表2-3-5】井戸端会議から保健教室へ②

（地域福祉センター向永谷）

　この事業所では、管理者・職員が意図的にサロン活動を行っていました。事業所内に地域住民を定期的に"呼び込む"ことが当初の動機でした。サロン活動といっても何か理由がなければ人々は集まってくれませんので、おやつ作りの会から始めています。クライエントと地域住民と職員で、手作りおやつを作って、皆で食べて団欒をして帰っていただくといったものです。当然、ここでも参加費

は頂きます。繰り返しになりますが、原則継続性のあるものは赤字にしないのが私たちの地域活動のルールだからです。

　このサロン活動を継続しているうちに、参加者からさまざまな生活上の悩みを伺うようになりました。その１つが、腰痛を抱えている高齢女性が多いというものです。事業所に、リハビリテーションの専門家はいないのか？　いれば、腰痛予防の体操の方法を教えてもらいたい。実は、事業所ではなく、法人内には専門家はいたのですが、地域資源の発掘という観点から、カイロプラクティックの先生をお招きして腰痛予防体操を開催しました（**図表2-3-4**）。

　図表2-3-5でも同様に、サロン活動の中で漢方薬を多用されている方がいらっしゃり、漢方薬の正しい服用の仕方を知りたいとの声が上がったことを受けて、漢方薬に精通した医師に「漢方薬講座」を講演いただいたものです。その後、住民は漢方薬の名称・効能等を学ばれ、かかりつけの医師に自ら相談をされるようになったと聞いています。

　そのほかとしては、ある地域住民が救急車で搬送されたことをきっかけに、近隣住民や家族に緊急（身体の急変）時に対応ができるように訓練をして備えたいとの声が上がってきました。そこで、消防署職員による救急救命講習を当事業所で開催しました。

　これらの実践は、サロン活動から、地域住民の健康・生命維持の講座へと変貌を遂げたものです。地域活動の中で、地域住民との関わりを通して、その反応や思い、意見をもとに実践の内容を変えていく。このことを真摯に行っていけば、その地域活動は、より地域に根差した活動へと発展していくのではないでしょうか。事実、これらの実践では、福祉専門職が行う領域を超え、医療・保健領域の活動に入っているといえます。実は、そのことに気がついていないのは、それを実践している職員であったりするので、それもまた大

変興味深い所です。

次の**図表2-3-6**も同じ事業所の実践場面となります。

【図表2-3-6】避難訓練から車いす教室へ

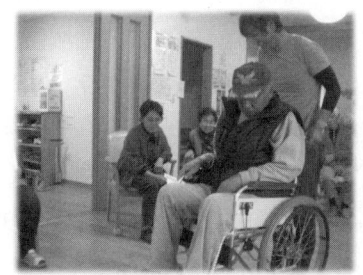

(地域福祉センター向永谷)

2006年1月長崎県のグループホームで発生した火災事故を経て、小規模多機能型居宅介護及び認知症対応型共同生活介護においては、「非常災害対策」として厚生労働省令で、「(避難)訓練の実施に当たって、地域住民の参加が得られるよう連携に努めなければならない」(括弧内は中島)[※5]と定められました。以上を踏まえて、本事業所においても、非常災害時の避難訓練の実施はいつも地域住民と協働で行うようにしていました。

そんなある日の避難訓練の際、訓練に参加したことで、実際の避難場面で私たちが役に立たないことがよくわかったと地域住民より告げられたのです。なぜそう思ったのかを尋ねたところ、車いすの操作方法がわからないからだ、という答えが返ってきました。緊急時は、車いすを用いて安全な場所までクライエントに避難してもらうことが想定されますが、その際に、肝心の車いすの操作法がわからなければ協力のしようがないと言われたのです。

そこで、管理者・職員は直ちに、「車いす教室」を開講しました。事業所には、車いすが常設されていますし、その指導ができる職員

がいるわけですから、こんなことはいつでも直ぐに実施することができるのです。また、社会資源は、人々の有する知識や技術を含めてのものですので、その意味において、事業所の空間も設備も、そして、職員の専門性もこれらは地域住民にとっての社会資源となり得るわけです。その後、地域住民は継続して避難訓練に参加し、また最近では、車いすのクライエントを見かけると、「私が押すから」と、積極的な協力が見られるようになっています。

　これら大きく2つの事例を通して、再度確認をしておきたいことは、実践の中で地域住民と関わり、その中で知り得た思いや情報をもとに、内容や方法を変えていく実践が肝所であるということです。そして、私たちの地域福祉実践において最も忌避すべきことは、地域住民のニーズがわからないので「何もしない」ということです。私たちは、当初から地域住民のニーズを理解することができるのでしょうか。その方法とは如何なるものなのでしょうか。そのような困難性にこだわるよりは、とにかく、1人の住民の声からでもいい、実践を始めてみること、そして、その実践における人々の反応や、そのとき知り得た住民の思いに触れる中で、発掘された地域住民のニーズを理解すべくその実践を継続していくことこそが重要なのです。

　最後に、地域福祉実践にかかわらず、全国のまちづくりにおける実践事例を拝見していると、その多くは10年単位で計画や実践が執り行われているものです。要するに、個別支援と決定的に異なるのは、終結が中々想定されにくいことにもあるのではないでしょうか。10年20年をスパンにした実践に求められるのは、言わずもがなその継続性にあります。粘り強く、諦めることなくコツコツと小さな営みを積み上げていくことも、良質な地域福祉活動に対する"処方箋"の一つなのかもしれません。

※1 　松山真『新・社会福祉士養成講座7　相談援助の理論と方法Ⅰ　第2版』中央法規、P.112、2010年2月
※2 　白澤政和『新・社会福祉士養成テキストブック②　社会福祉援助技術論（上）』ミネルヴァ書房、P.27、2007年3月
※3 　白澤政和『新・社会福祉士養成テキストブック②　社会福祉援助技術論（上）』ミネルヴァ書房、P.25、2007年3月
※4 　松山真『新・社会福祉士養成講座7　相談援助の理論と方法Ⅰ　第2版』中央法規、PP.112-113、2010年2月
※5 　「指定地域密着型サービスの事業の人員、設備及び運営に関する基準」第82条の2（非常災害対策）

第3章

具体的な実践方法
〔実践編〕

序 個別支援と地域支援の関係

　私たちの法人では、広島県内で8つの地域福祉センターと銘打った拠点の運営を行っています。各センターでは、必ず3つの事業を実施することにその特色があります(**図表3-序-1**)。

　1つは、小規模多機能型居宅介護などを中心とした地域密着型サービスの運営、2つ目に、地域住民との協働のまちづくりの実践を意図した地域交流事業、最後に、対象者を高齢者に限定しない総合相談窓口です。これら3つの事業を複合的・有機的に機能させ、まちづくりの拠点化を図ることに各センターの大きな意図があります。

　また、同一県内であっても、8つの地域性は実に多様で、市街地・沿岸部・島嶼部・山間部においてそれぞれの地域性に応じた実践を展開しています。当然同一法人による取り組みですので、そこには法人としての共通理解(common sense)が根底にあります。私たちのこの共通理解を端的に述べると以下のようになります。クライエントの個別支援を実践する介護福祉施設が、その支援に終始するのではなく、個別支援が展開されている地域の課題を発掘し、地域支援にまで裾野を広げた実践を行うこと、また地域支援を行う中で社会資源の発掘・創出を実践し、それを個別支援に繋げていくこと、この2つの相互作用を地域の中で展開することにその要諦があるというものです。そして、地域支援においては、クライエントの暮らしと私たちの実践を地域に「ひらいて」いくことで、地域住民に対する体験的理解と学習を促進することに重きを置いているといえます。

　しかし、多様性・個別性に富む各地域における実践ですから、法人としての共通理解を基盤としながらも、地域性に応じた多様な方

【図表3-序-1】8つの地域福祉センター

地域福祉センター 仁伍 (福山市木之庄町)	・小規模多機能型居宅介護 ・社会福祉士事務所 ・地域交流事業
地域福祉センター 向永谷 (福山市駅家町向永谷)	・小規模多機能型居宅介護 ・福祉よろず相談室 ・地域交流事業
地域福祉センター 宮浦西 (三原市宮浦)	・小規模多機能型居宅介護 ・認知症対応型通所介護 ・福祉よろず相談室 ・地域交流事業
コミュニティホーム 仁伍 (福山市木之庄町)	・法人本部 ・認知症対応型共同生活介護 ・福祉よろず相談室 ・地域交流事業
地域福祉センター 鹿川 (江田島市能美町鹿川)	・小規模多機能型居宅介護 ・認知症対応型通所介護 ・福祉よろず相談室 ・地域交流事業
地域福祉センター 幸崎 (三原市幸崎)	・小規模多機能型居宅介護 ・認知症対応型通所介護 ・福祉よろず相談室 ・地域交流事業
地域福祉センター 佐方 (廿日市市佐方)	・小規模多機能型居宅介護 ・認知症対応型通所介護 ・福祉よろず相談室 ・地域交流事業
地域福祉センター 北吉津 (福山市北吉津町)	・小規模多機能型居宅介護 ・認知症対応型通所介護 ・福祉よろず相談室 ・地域交流事業

法・技術を駆使した実践を一方では推奨しています。つまり、法人内における考え方の共通理解は徹底しながらも、その方法論は、地域の実情に応じて多様な手法を取っていくことが法人としての方針

なのです。ですので、これから以下に示していく実践論では、皆さんの実践地域の実情とは整合性が取れないものがある恐れもあります。個人よりも、多様な構成要素を有しているのが地域であり、それら多様な地域を十把一絡げにして論じる気は毛頭ありません。それは、まさに個性の尊重や、地方分権の流れからは逸脱することになるからです。皆さんにはその点を含み置きいただいた上、以下を読み進めてもらえればと思います。つまり、皆さんの実践地域の実情に合わせた形に、変換・再構築しながらその実践に取り入れてもらいたいということです。

　以上のことを前提に、ここでは、介護福祉施設が地域活動を展開するための実践方法について検討を試みます。私たちが実践の中で積み上げてきた方法・視点を整理すると以下16の項目にまとめることができます。その一つ一つの実践を確認して行きたいと思います。これらの実践は、前章までの考え方に依拠した実践であることは、もちろん、言うまでもありません。

　16項目は以下の通りです。順に確認をしていきたいと思います。

①個別支援とまちづくりの相互作用の実践
②組織が捉える対象圏域の明確化
③職員間の共通理解の促進
④地域住民との協働運営の視点
⑤「地域の絆流」共生ケアの実践
⑥「有事のための平時の連携」
　　～親密度を高めるための多様な仕組みづくり～
⑦基本的コミュニケーションの継続
⑧情報開示の促進
⑨地域住民に対する空間の提供

⑩活動における過程・即応・改変を大切にした実践
　※過程⇒地域住民との関わりの過程。
　※即応⇒地域住民の思いを、関わりの中で察して知り早めの対応を行うこと。
　※改変⇒地域の状況に応じて、活動自体を絶えず変化させていくこと。
　※モニタリングや再アセスメントの重要視。
⑪ネットワーキングやコーディネーションの視点
⑫複数の実践の複合的・有機的な展開
⑬地域包括ケア（地域ケア）の技術としてのケアマネジメント実践
⑭クライエントの役割の創出とストレングスモデルの実践
⑮地域住民に対する体験的学習の促進
⑯長期ビジョンに基づいた実践

1 個別支援とまちづくりの相互作用の実践

　私たちは社協型ではない地域福祉の実践を志しています。つまり、クライエントの直接支援・ケアを地域で実践しながら、クライエントの背景にある地域への関わりを同時進行させることで、介護福祉施設を誰もが自分らしく安心して暮らせるまちづくりへの拠点へと機能させることを狙っているものです。したがって、私たちは個別支援であるケアと、地域支援たるまちづくりの実践を同じ地域で同時に展開し、その双方の実践における相互作用を目指しています。
　まず、個別支援からまちづくりへ作用した事例をいくつか紹介します。
　①一人暮らしのクライエントの見守り支援を依頼していた民生委員が、この支援をきっかけに事業所に多頻度に来所するようになった。そこで、地域住民との協働で開催するイベントの話になり、そのイベントの運営の手伝ってもらうようになった。また、特技のフラダンスをイベントで披露した。
　②別の一人暮らしのクライエントの見守りとゴミ出しの協力をしてくれた地域住民が、イベント時に備品の寄付をしてくれるようになり、イベントの運営にも参画するようになった。
　③あるクライエントの支援で連携を行ったことをきっかけに、当事業所の主催するイベント時には、毎回「なんでも相談コーナー」を設けて相談支援の協力に地域包括支援センターの職員が駆けつけてくれるようになった。
　これらの事例は、クライエントの支援をきっかけに構築された関係が、まちづくりの活動の際にも活かされている事例であるといえ

ます。
　次にまちづくりから個別支援へと機能した事例です。
①イベントの運営時にボランティアに来ていた地域住民が、クライエントの隣家に住んでいることをイベント時に認識することができた。その後、事業所にクライエントの会話や将棋の相手となるようボランティアに来るようになった。
②イベントの運営ボランティアや、事業所の喫茶コーナーに毎日のようにコーヒーを飲みに来る地域住民から、クライエントに昔の曲をハーモニカで演奏したいとの申し出があり、快く受け入れた。その後、事業所のレクリエーション活動の一環としてそれが定着している。
③イベントの手伝いに来ていた主婦が、事業所の家事支援のボランティアとなり、その後この主婦の特技である絵画を題材に、クライエントを対象とした絵画教室の先生になってもらった。
　これらは、まちづくりにおける地域住民との関わりが先にあって、そこでできた関係が個別支援における協働に変遷した事例であるといえます。
　以上のように私たちの実践は、個別支援と地域支援の相互作用を、比較的狭い圏域内で継続的に引き起こしています。また、この説明では、「個別支援から地域支援」「地域支援から個別支援」という一方通行の変遷を示していますが、個別支援から地域支援に活動範囲を広げながらも、個別支援に関わり続けるなど、役割と関係は実に多様であり、常に相互作用を果たしており、有機的・流動的な機能を見せていることを付語しておきます。
　また、本章冒頭にて、拠点ごとに3つの事業を実施していることは伝えましたが、私たちは、**図表3-1-1**のように機能面でも3つの特徴があると考えてきました。

【図表3-1-1】各地域福祉センター3つの機能

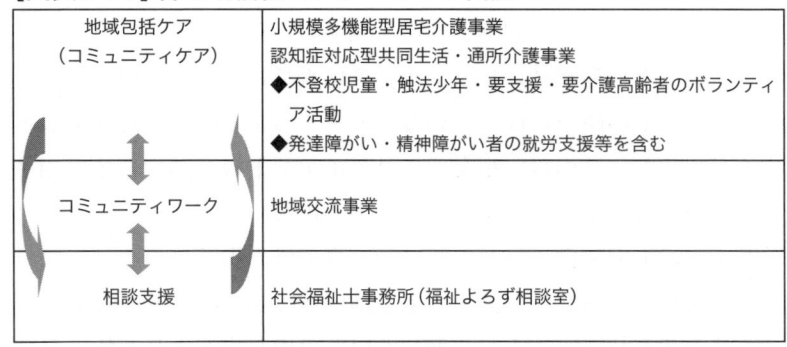

地域包括ケア（コミュニティケア）	小規模多機能型居宅介護事業 認知症対応型共同生活・通所介護事業 ◆不登校児童・触法少年・要支援・要介護高齢者のボランティア活動 ◆発達障がい・精神障がい者の就労支援等を含む
コミュニティワーク	地域交流事業
相談支援	社会福祉士事務所（福祉よろず相談室）

　1つは、地域の中における個別支援としての地域包括ケア、2つ目に、誰もが安心して暮らせるまちづくりへの活動としてコミュニティワーク、最後に、すべての人間を対象とした相談支援機能となります。私たちは、1つのサービス項目だけでは、まちづくりはできないであろうと考えてきました。地域住民との接点や協働の在り方を複数有しながら、地域と向き合う必要性を実践の中で、肌で感じ取ってきました。よって、あるべきまちづくりの姿への接近という大いなる目的のために、無数の小さな実践を積み重ねていこうと考えました。その無数の実践は、質的にも多様であるべきだと考えたのです。そうすることで、私たちは多様な住民と共に、多様な活動を同じ地域の中で展開することができるようになるからです。

　私たちが実践を始めて間もなく、厚労省社会・援護局長の私的研究会「これからの地域福祉のあり方に関する研究会」で池田昌弘氏が「ケア論だけでは地域ケアはできない。小地域活動との関係が大切であり、小地域での相談が必要」と述べていることを知りました[※1]。地域福祉活動を真摯に鑑みれば、地域は異なれども同じ考え方に行き着くものだと感慨深いものがありました。

　また、高橋満氏も、多様な活動や活動をしている人々の連携が

ソーシャルキャピタルを高めることには欠かせないと指摘しています。ソーシャルキャピタルとケースワークとの理論的な整理として、**図表3-1-2**を用いて説明をしているものです。

【図表3-1-2】ケースワークとソーシャルキャピタル

	着眼/出会い	介入/関与	成果/影響
地域			① ②
個人			④ ③

出典：高橋満『コミュニティワークの教育的実践　教育と福祉とを結ぶ』東信堂、P.73-74、2013年4月

　①は、「社会教育や地域づくりの活動」を指し、「地域社会のwell-beingを高めるため」、「地域社会の資源を掘り出し」、「それらを結びつけながら豊かなものにする活動」と位置づけています。②では、「地域開発に関心をもちつつ技術やノウハウを移転するための研修会なども行うなど」、活動する「人びとの力量を高める働きかけをしていく」活動を、③では、私たちの専門分野たる、個別ニーズに対する個別支援即ちケアワークやケースワークの活動が想定されています。そして、最後④では、「個々のクライエントの問題を」、「地域社会の家族や地域集団などの資源を」活用しながら解決へと導く活動と位置づけています。これら4つの活動を担う人々と活動が連携を図る必要性を論じているのです。

　ただし、高橋氏は、「ソーシャルキャピタルの利用を考える上での問題は、どちらもやるということではなくてよい。職員たちが、こうした活動や活動をしている人たちとネットワークを結ぶ、より

積極的には、コラボレーションをつくることが求められる実践である」とも述べています[※2]。よって、1つの組織・集団・拠点において①から④の実践をすることは想定されていません。むしろ、①から④それぞれの活動を展開している個人や集団における連携の促進が重要であるとの指摘と受け止めることができます。私たちも、自らが"囲い込んだ"実践を忌避していますので、そのことは以下叙述するとして、ここでは、多様な活動を行っている人々とその多様な活動同士がつながることの重要性を共有しておきたいと思います。

　また、私たちが実践対象と捉える地域はおおむね300世帯前後であることが多く、その狭い範囲において、①から④のそれぞれ別の活動を実践している例も少ないように思っています。であれば、各事業所が拠点となって、①から④までほどに明確化されなくとも多様な人々と多様な活動を結び、コラボレーションを促進することを心がけています。

　兎にも角にも、1項目の活動だけでは、ソーシャルキャピタルを高めることや連携促進、あるべきまちづくりへの接近が難しいことが理解できるのではないでしょうか。個別支援としてのケアだけを実践するのではなく、まちづくりのための地域支援のみを展開するのでもなく、相談支援も含めたこれら複数の機能と活動を、同一地域に同時進行して展開することによって、多様な人々と多様な活動同士をつなげる役割を担うことができるようになります。そして、私たち自身がそれら多様な人々と活動に関わることができるようにもなるのです。

※1　全国社会福祉協議会編『これからの地域福祉のあり方に関する研究会報告　地域おける「新たな支え合い」を求めて―住民と行政の協働による新しい福祉―』全国社会福祉協議会、P.80、2008年6月
※2　髙橋満『コミュニティワークの教育的実践　教育と福祉とを結ぶ』東信堂、PP.73-74、2013年4月

2 組織が捉える対象圏域の明確化

　組織だって地域福祉活動を実践する際の前提条件は、主たる対象地域の圏域を設定することと、設定された対象圏域に対する共通認識を持つということではないでしょうか。**図表3-2-1**にある厚労省の報告書を見ても地域の圏域はさまざまです[※1]。

【図表3-2-1】重層的な圏域設定のイメージ

```
県域・広域
　県の機関・広域の利用施設・市町村間で共用するサービス等        児童相談所　など

5層：市町村全域
　市町村全域を対象とした総合的な施策の企画・調整をする範囲     地域包括支援センター
　＊市町村全域を対象とした公的機関の相談・支援                 障害者相談支援事業所
                                                              福祉事務所
4層：市町村の支所の圏域                                        社会福祉協議会　など
　総合的相談窓口や福祉施設がある範囲
　＊公的な相談と支援をブランチで実施
                                                              地域包括支援センター
3層：学区・校区の圏域                                          のブランチ　など
　住民自治活動（公民館等）の拠点施設がある範囲
　＊住民の地域福祉活動に関する情報交換・連携・
　　専門家による支援・活動計画の作成や参加                     地域福祉推進の地区レ
                                                              ベルのプラットホーム
2層：自治会・町内会の圏域                                      （住民自治協議会福祉部
　自治会・町内会の範囲                                         地域社会福祉協議会
　＊自治会・町内会の防犯・防災活動、民生委員活動、             など）
　　ふれあいいきいきサロン等の日常的支援の実施

1層：自治会・町内会の組・班の圏域
　要支援者の発見、見守り、災害時支援の基礎的な範囲
　＊見守りネットワーク活動などの実施
```

（ある自治体を参考に作成したものであり、地域により多様な設定がありうる）
出典：「これからの地域福祉のあり方に関する研究会報告書」（厚生労働省）

たとえば、ある職員は市内を地域と捉え、別の職員は自治会を地域と捉えて地域福祉活動を行っている場合、その実践の在り方そのものが職員によって違うということになります。これでは、組織（施設・事業所）として地域福祉活動を実践しているとは言い難いでしょう。そこで、私たちは、地域福祉活動における主たる対象圏域の設定を次のように定めています。「高齢者や子どもが、徒歩もしくは自転車で活動できる物理的範囲を考え、自治会及び小学校区の範囲を対象圏域と考える」。要するに、基本を自治会と捉え、さらにその範囲を広げたとしても小学校区までを対象地域と捉えているわけです。

　これはもちろん、介護保険事業のサービス提供範囲との関係性や、地域性によっても変化すべきものです。前章でも論じたように、地域には個人よりも遙か幅広い多様性が存在します。その多様性を十把一絡げに論じること自体、不毛な営みといえます。よって、組織が対象とする圏域の設定は、その地域に応じて検討が成されるものであり、厚労省の地域包括ケアシステムのように中学校区と画一的に定められるものでは断じてありません。

　さらにいえば、**図表3-2-1**に示されているものだけが圏域であるとも言い切れません。なぜなら、文化や宗教、産業、地縁等さまざまな要因によって地域独自のつながりの深い圏域も充分に想定されるべきだからです。これは、行政の定めるもしくは把握している圏域だけがすべてではないということを意味しています。私たちも広島県内複数の拠点で実践を行っておりますので、法人として画一的な対象圏域の設定はするべきでないと私は考えています。ただ、偶然にも、今のところ住宅地にしか事業所がありませんので、このような設定としているに過ぎません。

　以上を前提に、いくつか留意をしておいた方が良い点がありま

す。1つは、地域の役職者ではなく、肩書の無い"ヒラ"の住民と十分にコミュニケーションの取れる範囲であること。つまり、無理に広い対象圏域の設定は芳しくないということです。たとえば、そのような圏域の世帯数は50世帯程度という実践例もあります[※2]。私たちの拠点地域の状況を挙げれば、A地域344世帯（人口1,075名）・B地域235世帯（人口798名）・C地域752世帯（人口1,642名）・D地域990世帯（人口2,132名）・E地域1,325世帯（3,876名）となります。B地域においては、そのうち主たる対象圏域は支部62世帯（人口160名）を想定しているように見受けられます。D・E地域においても、支部がそれぞれ186世帯（人口480名）・342世帯（1,154名）ですから、今後は支部圏域を主たる対象と捉えた実践が想定されます。この場合も、過疎化の進行している中山間地域や島嶼部などでは考え方を変える必要がありますので、やはり地域性を度外視しての設定は忌避されるべきでしょう。

　2つ目に、介護福祉施設の運営を行っている以上は、クライエントに対するサービス提供地域と地域福祉活動の圏域に整合性を持たせた方が良いように思われます。私たちの職務の第一義は、クライエントの支援にあるわけですから、クライエントの支援と地域活動にまったく連動性がみられない実践では、個別支援と地域支援の相互作用において困難性および非効率性を帯びてくるものと思われます。

　いずれにせよ、基幹事業の形態と地域性を鑑みながら、その条件と環境に応じた対象圏域を独自に定めるべきだと思われます。この項で大事なことは、組織として地域活動を実践するわけですから、その捉える地域の圏域は組織内で共通理解をしなければならないということにあります。これらは、介護福祉施設が地域活動を行う際の、最低限の必要条件であると言えます。

※1　厚労省「これからの地域福祉のあり方に関する研究会報告書」2008年3月31日
※2　すずの会事例検討委員会『ご近所パワー活用術　―すずの会流・福祉活動の手法―』すずの会、P.23、2009年5月
　　「すずの会にとっての『圏域』」として以下の件があります。
　　「なによりも福祉ニーズを把握しやすくするためには、重層的な圏域の設定が必要。福祉ニーズは50世帯程度の範囲で発信・受信され易い。だからニーズを漏れなく把握するには、どうしても50世帯の範囲に拠点が必要」

3 職員間の共通理解の促進

　介護福祉施設が地域との関係性を構築するための最重要項目は職員の意識と理解です。全職員が、地域包括ケアや地域密着といった地域住民との関わりの重要性を理解しておらねば、地域との関係を深めることはできません。このことは、16項目すべてに関係してくるわけですから、16項目の中で最も重要な項目であるともいえます。

　法人には、組織としての理念があるはずです。そこには組織の存在意義が描かれており、その意義を共通理解（common sense）とする姿勢や過程が法人が法人たる所以なのかもしれません。であればこそ、しばしば組織理念は施設・事業所内に掲示されていたり、唱和されたり、カードとして携帯されたりするわけです。

　地域活動においても、これと同様に、組織内にその方針があってもよいのではないでしょうか。私たちの組織は、法人名が「地域の絆」なので、当然に組織理念にも地域連携のことが色濃く描かれています。それに加えて、「私たち地域の絆の行動指針」として、クライエントと地域住民、職員間の3つのカテゴリーごとに3つの指針を設けています[※1]。

　このような行動指針を設ける理由は、地域と向き合う際の職員間の共通理解を促進するためにほかなりません。人の行動をマニュアルで規定しても際限がありませんし、臨機応変かつ柔軟な対応が求められる場面においてマニュアルは機能しません。最も大事なことは、考え方を共通理解とすることであり、それがなされることによっ

て、むしろマニュアルは不要になるのだろうと私は考えています。
　マニュアルは、究極的には、この共通理解を促進するための"道具"に過ぎないともいえるでしょう。考え方さえ共通理解となっていれば、それぞれの実践に組織方針との乖離はさほど起こらないと思うからです。よって、1つは、組織理念の共通理解を浸透させることと同様に、介護福祉施設が、地域と向き合う方針を明らかにし、それを共有促進していく必要があります。職員研修においても、各組織において組織理念の共通理解を目的とした研修が多々行われていると思われます。それと同様に、地域活動に絞って考えても、その方針が共有できる研修カリキュラムの導入が不可欠だと思います。このような育成過程にこそ、本書を活用いただければ幸いに思うのです。
　以上、職員間の共通理解の促進、すなわち、人材の育成に焦点をあてた話を論じてきました。最後に、「採用」の重要性を申し上げておきたいと思います。私が日々考えていることですが、同じ方向に向かう"電車"に乗れる職員だけを採用することこそが採用の要点です。私たちは、地域支援を掲げる経営理念に共感しない方の採用は行いません。採用時に、お一人に約2時間の時間を費やし、その説明と確認を行います。この丁寧な採用過程を通して、経営理念に一定の共感を持つ方のみを職員として迎え入れるのです。
　無論、これらは画一的人材の採用とは全く異なる意図で行っています。少なくとも、クライエントの権利を尊重すべきか否かや、地域活動をするべきか否かといった大雑把な指標に基づいた"選抜"を行うものです。つまり、たとえば45度から1度の誤差も無いその角度を向きなさいという話ではなく、少なくとも前180度の範囲は同じ方向を向いて欲しいということであって、逆に後へ180度から360度向いている人は必要ないといった考えです。右斜め前でも、左斜め前であっても同じ前を向いてさえいれば、喧々諤々と議論を

重ねながら、必ず前に進むことができるでしょう。しかしながら、1人でも後ろを向いている人がいれば、前後ろと対角線上に引っ張り合う形となり、互いに一生懸命頑張っても前にも後ろにも進まない状況が生じてきます。そうならぬためにも同じ"前"を向いている方を採用するように心がけているのです。

この場合、"前"の指標は当然、経営理念となるわけです。私たちは地域活動の積極性を経営理念に謳っているわけですから、そのことの意義や必要性に全く共感できない人たちの採用は避けているということです。共感の温度差や、共感の方向性に一定の差異があることは忌避すべきことではありません。むしろ、その程度の違いは、大いに議論をしてあるべき姿を探し求めるべきでしょう。ですが、無造作に笊(ざる)のように職員を採用しておいて、その後の「育成」の段階で人が育たないと嘆くのは本末転倒ではないでしょうか。実は、「育成」のカギは「採用」にこそあるのです。

※1　特定非営利活動法人 地域の絆『私たち地域の絆の行動指針』
「私たちとご利用者との約束」
①敬語でお話します。
②目線を同じ高さか、それ以下にしてお話します。
③命令形(「○○してください」)を使わずに、依頼形(「○○していただけますか」)を用います。
「私たちと地域の皆様との約束」
①日常会話と挨拶を大切にします。
②地域交流事業を積極的に展開し、地域行事にも同様に参画します。
③地域活動における過程・即応・改変を大切にします。
　　※過程⇒地域の皆様との関わりの過程。
　　※即応⇒地域の皆様の思いを、関わりの中で察して知り早めの対応を行うこと。
　　※改変⇒地域の状況に応じて、活動自体を絶えず変化させていくこと。
「私たちと職員との約束」
①年齢・性別に関係なく名前を「さん」付けで呼び合います。
②挨拶は相手の顔を見て行います。
③心を込めた指導で相手の成長を促します。

4 地域住民との協働運営の視点

　私たちの運営する各事業所に対して、「開設１年目から凄く地域と連携が取れていますね」とご評価をいただけることが度々あります。しかしながら、私たちは開設の１年前から地域住民に対する関わりを始めているのが常です。建物の設計図面が青写真の段階で、地域住民に対する説明を始めています。多くは、公民館やコミュニティセンター等の公共施設を借りて、場合によっては何度も住民説明会を開催させていただきます。

　毎回の説明会の要旨としては、①経営理念、②施設機能、③地域支援、④建設工事、それぞれの項目について説明を行っています。特に大事にしていることは、①と③にあります。法人が如何に地域のために事業を始めようとしているのか。法人の地域に対する思いと姿勢を伝えることに焦点化して説明を行います。②はよいのかと意外に思われる方もいるかもしれませんが、こちらの利己性がみられる②については、敢えて熱心に説明しないのが私たちのやり方です。そして、ここでは必ず質疑応答の時間を設け、意見交換の時間を取ります。また、その場では意見の述べにくい方もいますので、アンケート用紙を配布し、意見の把握に努めるようにしています。実は、私たちの各事業所の名称は、地域住民が説明会やアンケートを通して命名して下さったものです。

　また、サービス提供を開始する前には、地域住民から施設内を案内するようにしています。平日の日中に見学会を２日間、そして、土・日曜日の日中か夜間に事業所の所属地域の住民を招いての懇親会を行います。見学会では、所属地域の方はもちろん、地域外の方

に対しても案内をさせてもらい、懇親会に関しては、本章第2節で定めた地域を対象にその役職者を対象とした懇親会を開催します。

"ヒラ"の住民との接点が重要である旨論じた後に、矛盾する実践ではないかと指摘を受けるかもしれません。しかし、地域の状況を把握できていない初期の段階においては、既存の組織や団体の動きに応じた関わりから始めます。広島県では、未だ自治会組織が多く残っていますので、自治会組織が健在であればまずは、そこに接近を試みます。そして、たとえば、自治会組織における役職者を原則として懇親会に案内するのです。実際のところ、対象地域の住民すべてに案内をすることは物理的に不可能です。ただし、その際、なぜ、その中である限定した人たちだけを招待するのかと問われた際の理由は用意しておきたいと考えています。自治会の役職者の方だけを招待していると伝えれば特にトラブルも無く会を執り行うことができます。

また、今は役職者ではないが、出席を依頼した方が良い住民も中にはいます。その場合は、たとえば、元自治会長という肩書で案内をし、今から過去にさかのぼっての元自治会長へはすべて案内をかけるようにしています。地域の実情がよくわからぬ初期の段階においては、このような「郷に入りては郷に従え」の精神で地域と向き合い始めるのです。この時点において私たちは地域のことが不明なわけですから、たとえば、開催日時は何曜日の何時ごろからが人が集まりやすいのか、お酒は出しても大丈夫か、出すのであればビール・日本酒・焼酎等の何が良いか、次第の挨拶や乾杯はどなたに頼めば良いか、席順はどのような配置が良いか、仕出しはどこのお店が良いか、備品はどこから借りれば良いか等々を自治会長や公民館長等に伺いながら会の準備を進めて行きます。

以上の過程を経て、地域の実情の一部を理解するようになってい

くのです。開催日時を伺えば、役職者の年齢や仕事などの傾向がわかるようになりますし、お酒に対する考え方も地域によってさまざまですし、好みにも一定の傾向がみられます。おすすめの仕出し屋を尋ねることで、地域で仕出しを頼む機会や場面を知ることができます。備品の貸し出しについて尋ねることで、どこにどのような備品が保管されているのかを認識できます。次第の役割を尋ねることで、住民間の"力関係"や、席順を知ることで、人間関係を窺い知ることができます。私たちは、開設前の懇親会をこのような機会と捉えて開催をしているのです（図表3-4-1）。

【図表3-4-1】開設１年前からの拠点づくり

開設前懇親会の風景　地域の施設は地域住民から利用していただく（地域福祉センター鹿川）

　また、一部地域密着型サービスにおいては、災害時の避難訓練等は地域住民と協働で行うように努める必要が省令で謳われています（前章第３節第３項）。私たちも避難訓練は極力地域住民の参加の下実施をしています。地域住民が避難訓練に参加することで、私たちの勤務体制や人員配置、クライエントの暮らし等の理解を頂くことにもつながっています。ある地域住民は、日中および夜間の職員数の少なさに驚かれる方もいらっしゃいますし、クライエントの心身状況をみてその関わりの重要性を感じる方も多く見受けられます。

その他、開設時に私たちの求める人材が集まらないときは、地域住民が、私たちの法人に相応しい職員の斡旋を次から次へとして下さったことや、協力医療機関がなかなか見つからなかった際には住民が地元の医療機関と話を付けて下さることもありました。

　地域包括ケアが促進されると、クライエントは「おおむね30分以内」の移動圏域内でサービスの利用をすることになります。であれば、自らが住んでいる地の一番身近にある事業所を、その家族や自らが、将来利用することになるはずです。要するに、今は介護が必要ない住民も、将来は目の前にある事業所にお世話になる可能性が高い。だからこそ、将来の自身の暮らしに備えて、今のうちに事業所の支援を行っておく必要があるのではないでしょうか。傍にある事業所のサービスの評判が万が一不評であれば、今のうちに何とかするよう行政に指導を要請する必要もあるかもしれません。地域包括ケアは、このような住民自治の視点にも繋がるものです。また、それをコーディネートする専門職は、このような視点をもって地域住民に理解と協力を求めてはいかがでしょうか。

5 「地域の絆流」共生ケアの実践

　私たちの法人では、地域包括ケアを対象者を限定しないケアと捉えて実践を重ねています。地域福祉の実践において重要な視点は、「支える側」と「支えられる側」は固定化された関係ではなく、役割や環境そして関係性が変わればその立場は際限なく変化・往来することがあるということです。本書では事例を通して、このようなケアの在り方を「主体的・能動的地域包括ケア」と命名しました（前章第2節）。

　また、地域住民との信頼関係を構築するために必要な視点は、高齢者のケアと相談にはのるが、児童や障がい分野のことについては対応しないという姿勢ではなく、あらゆる生活課題を抱えている地域住民に対して、できることは対応する姿勢がなければならないという点です。本章第4節で述べたような地域住民に協力を要請するのみならず、事業所としても地域に対して何ができるのかを考えなければならないと認識しています。

　私たちの運営する各事業所では、毎日のように、要保護児童や障がい者がボランティア活動に参加しています。ボランティア活動は個別にさまざまな意味合いがありますが、共通する目的としては、居場所づくりと自己有用感の醸成があり、この点において一定の効果があるものと私は考えています。

　そして、限られた人員配置の中で私たちは仕事をしています（第2章第3節第1項）。よって、ボランティアの受け入れによって、家事等の軽微な作業が割愛されることによって、職員の労力は一定程度軽減されます。つまり、職員は心の底から感謝の思いで彼らを

受け入れることになりますので、その思いが伝わった結果、彼らの自己有用感の醸成にそれはつながっていくこととなります。また、認知症高齢者が要保護児童に対して食器の洗い方や調理の仕方、平素の服装に至るまで適切に指導して、それを児童も素直に受け入れている不思議な光景を目にすることは珍しくありません。この児童は、両親や職員の指導よりも、認知症高齢者の指導にこそ耳を傾けるのですから。

　これらは、表題に叙述した通り、共生ケアの実践であるといえます。しかし、巷でいわれているその実践とは異なる特徴があることも、ここでは説明しておきたいと思います。

　まず、私たちの実践する共生ケアの特徴は、あらゆる対象者を受け入れない点にあります。もちろん、主たる対象者である要介護高齢者はどのような方でも対応させていただくことは言うまでもありません。申し上げているのは、それ以外の児童や障がい者等のことを指します。

　私たちは、社会福祉分野における介護の専門職です。そこに対しては一定以上の責任ある仕事ができますが、それ以外のスペシフィックな分野に対応するには限界があると認識しています。私たちは、自身の「できること」と「できないこと」を自覚している者のことを専門職と呼んでいます。であれば、自らが対応できないことを無理に引き受けるべきではなく、しかし、度外視するでもなく、そこに対応ができるその分野のスペシャリストに繋いでいくことが大切であると考えています。

　認知症ケアや介護のスペシャリストを育成すること自体が多大な時間と労力を要する中、児童や障がい等他分野の勉強にまでは手が回らないのが現状です。それほど、介護は甘くはありません。ですので、私たちは、福祉専門職としての共通基盤（ジェネリック）の

第3章　具体的な実践方法（実践編）

部分で対応を行い、それ以上に特別な専門性を要する場合は、特別（スペシフィック）な対応ができる専門職との連携の下に、共生ケアの展開を図っています。そうです。専門職として、責任の持てる「共生ケア」を志しているのです。

これらの実践を図式化したものが**図表3-5-1**になります。

【図表3-5-1】ネットワークを基盤とした共生ケア

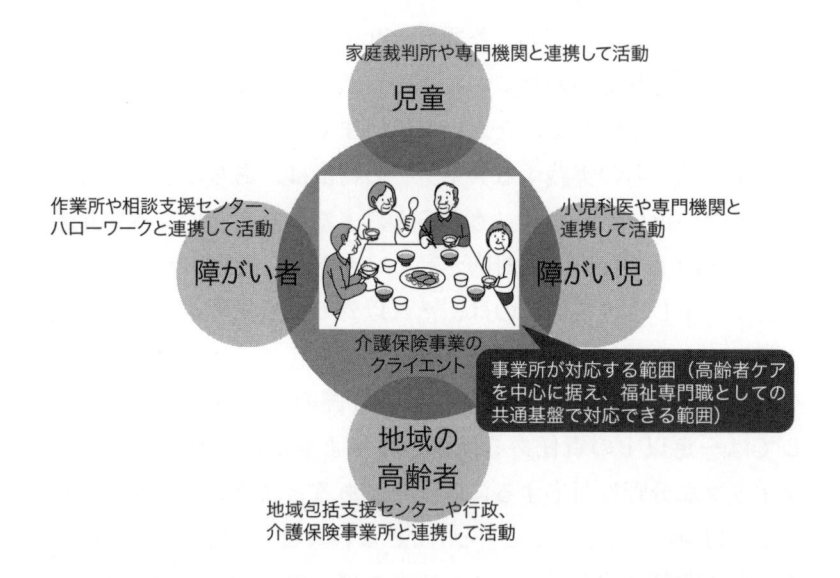

児童
家庭裁判所や専門機関と連携して活動

障がい者
作業所や相談支援センター、ハローワークと連携して活動

障がい児
小児科医や専門機関と連携して活動

介護保険事業のクライエント

事業所が対応する範囲（高齢者ケアを中心に据え、福祉専門職としての共通基盤で対応できる範囲）

地域の高齢者
地域包括支援センターや行政、介護保険事業所と連携して活動

まず、「介護保険事業のクライエント」を中心に据え、そこにおける権利擁護を第一義とします。そのことを前提に、その「クライエント」の暮らしの質が担保される範囲において、否、その質の高まる範囲において「クライエント」以外の人々の受け入れを行うのです。そして、「クライエント」以外の人々を受け入れるための専門的な勉強はそれほど行わず、福祉専門職としての共通基盤の範囲で対応できることを行う。そして、それでは対応できない事象に対

してはその道の専門職との連携のもと支援を行うか、その専門機関につなぐ役割を担う。

　一見淡泊に映るかもしれませんが、私たちの共生ケアではこれらのことを大事に実践を重ねています。つまり、閉ざされた事業所の中で、要支援者とされる人々を"囲い込む"のではなく、地域に開かれた形でその実践を行うことにこそ特色があります。「はじめに」で叙述したように、課題を抱えている人々の暮らしを地域に「ひらいて」、その課題と存在を共有し、それを自らのこととして考える体験的学習や理解を促進することに私たちは重きを置いています。世間で言われている共生ケアは、むしろ、多様な人々に対する支援はしつつも、その支援を地域から閉ざした関係で行っているものが少なくありません。そこが、一般的に言われている共生ケアとの違いであり、「地域の絆流」と銘打つ所以でもあります。

コラム④　共に生きることの責任

　2011年8月に改正された障害者基本法は、その目的として、「全ての国民が、障害の有無にかかわらず、等しく基本的人権を享有するかけがえのない個人として尊重されるものであるとの理念にのっとり、全ての国民が、障害の有無によって分け隔てられることなく、相互に人格と個性を尊重し合いながら共生する社会を実現する」とする共生社会の確立を意図したものであるといわれています[※1]。

　「共生」という言葉は、一見耳触りも良く、分野を問わず彼方此方で多用されているように見受けられます。しかし、「共生」において最も重要なことは、その内実であり、実質的な人々の暮らしの在り方にこそ本質があるものなのでしょう。つまり、共に生きるということは、その構成員たるすべての人々の人間としての尊厳が守られていなければならないことが実質として求められているハズです。ここで敢えて、「ハズ」と書くのは、現下の社会がそうなってはいない現実に目を向けることにこそ、この「共生」を考える意義があると思うからです。

　私たちの法人のクライエントの9割以上は何らかの認知症のある人たちです。いわゆる「徘徊」や「不安・焦燥」、「興奮・暴力」等の行動・心理症状（BPSD：Behavioral and Psychological Symptoms of Dementia）が顕著な方も当然に珍しくはありません。ちなみに、なぜ、「行動」「心理」の「症状」と捉えるのかは理解に苦しむところです。「社会」（Social）の要素は無いのでしょうか。医学会が定義した本BPSDの捉え方にも実は異論の

あるところです。

　それはさておき、このような「症状」のあるクライエントが、地域で暮らす中で、当然に地域住民に"ご迷惑"をおかけすることも多々あるわけです。自動車の修理工場に入って車を叩いたり、菜園のお花を勝手に摘んだり、誤って他の家の敷地に入ろうとしたり、今までの経験の中で、枚挙にいとまがないほどこのような事例は挙げることができるでしょう。問題は、そのときの対応の方法にあります。今まで私たちの法人職員には、経緯と事情の説明をするために地域住民の所に訪問には行ってもらうのですが、過失を認めるような謝罪はする必要はないといってきました。当然、社会における普遍的コミュニケーションの一環としての儀礼的な謝罪は必要だと思います。しかし、こちらが認める過失は無いと職員には伝えているのです。

　なぜか、それこそが真なる共生社会の在り方であると信じているからです。すべての人々の尊厳が守られた社会が共生社会であると叙述しましたが、「すべての人々」はその名の通り、それ以外の意味は無いのであって、障がいのある人も、児童も、要介護高齢者も、犯罪被害者も、そして、犯罪加害者であっても、文字通りすべての人々のことを指すハズです。このような社会こそが、多様性の認め合える真に豊かな社会であると自身は信じて憚りません。

　たとえば、認知症のある人たちが、共生社会を生きるということは、その構成員たるその他すべての人々が、その存在を、そして共に生きることを認めなければ成立せぬことは自明の理でしょう。認知症のある方の内約7割はBPSDを有しているわ

けですから、認知症のある方と共に生きるということは、その他構成員全員がそのBPSDを受け止めていくということになるハズです。障がいのある人々と、共に生きるということは、そのような"困難"を共有することを指すのではないでしょうか。それができない現下の社会が、「共生社会」を声高に謳うことに思わず失笑してしまう自身がいるのはこのためです。だからこそ、そうある「ハズ」を、そうあるべき姿に変革していきたい思いがあるからこそ、過失を認める謝罪は不要だと職員さんには伝えるのです。

さて、上記のようなメゾレベルのお話とは異なり、大きな禍根を残すであろう判決が、昨今出され取り沙汰されていました。朝日新聞の社説によれば、「愛知県内で列車にはねられ死亡した認知症の男性（当時91）の遺族が、振り替え輸送にかかった費用などの損害賠償として約720万円をJR東海に支払うよう裁判で命じられた。8月に名古屋地裁が出した判決は、介護の方針を決めていた長男に監督義務があるとし、死亡男性の妻（当時85）についても『目を離さず見守ることを怠った』と責任を認めた。一方、介護の関与が薄いきょうだいの責任は認めなかった」とされています[※2]。

「徘徊」によって、列車事故を起こして亡くなった認知症高齢者本人ではなく、その家族に対して司法が損害賠償の支払いを認めたというものです。真なる共生社会の議論が、いまこそ必要だと私は感じました。

さらに言えば、地域包括ケアと称して、家族で地域で支え合うことを強要しながら、では、政府はいかなるその責任を取っ

たというのでしょうか。判決では、家族による「見守り」義務が謳われているようですが、介護保険制度は、介護の社会化をその目的として創設されたものではなかったのでしょうか。本社説では、この判決に異論を唱えた上で、これが社会に与える影響を危惧しています。「介護に深くかかわるほど、重い責任を問われる。それなら家族にとっては施設に入れた方が安心。施設としてはカギをかけて外出させない方が安全——という判断に傾きかねない。年老いても、住みなれた地域で人間らしく暮らせるようにするのが、この国の政策目標である。判決は、そこに冷や水を浴びせかけた。高齢者の介護で家族が大きな役割を果たしているのは事実である。だが、法的にどんな責任を負うのかは別の問題だ。家族に見守りの注意義務を厳しく求めるあまり、『何かあったとき責任を取りきれないから病院や施設に入れる』という状況をつくってはならない」[※2]。

　失敗学を提唱している工学院大学の畑村洋太郎氏によれば、失敗を捉える要点として、「責任追及」ではなく、「原因究明」を挙げています[※3]。であればこそ、この失敗が再発防止や、その予知に活用され、社会に真なる科学的理解が促進されるであろうというものです。この問題を、家族の責任に帰することによって、社会が失うものもまた大きいことは想像に難くはありません。

　しかし、本社説も諸手を挙げて賛同できるものではありませんでした。「家族の責任を問う以外に、何らかの社会的なシステムをもうけるべきだ。たとえば犯罪被害者には給付金を支給する制度がある。知的障害者については互助会から発展した民

間の賠償責任保険がある。参考になるだろう。要介護の認知症高齢者は、2010年時点で280万人。25年には470万人にまで増えると推計されている。事故への備えは喫緊の課題だ」[※2]。私が言わんとすることは、もうおわかりいただけるものと思われます。「すべての人々」の尊厳が守られる社会こそが、共生社会であり、一部の人々は事故を起こしやすいのでその人や、その被害者のみに保険を掛けたり、救済することが真なる共生社会の実現につながらないことは明白な事実です。このような取り組みは、新たな偏見とレッテル張りを促進することでしょう。

これらの事例から「共生」とは何か、私は考えます。それは多様な人々と共に生きることの責任と覚悟を、その社会を構成するすべての人々が甘受することの重要性を説いているのではないでしょうか。多様な人々と共に生きることで生じるさまざまな対立・軋轢・妥協・忍耐等の問題を、人々が受け止めていくその過程が「共生」そのものではないかと思うのです。そうでなければ、認知症のある人の問題は、家族にその責任を押し付ければよいという乱暴な論理につながるのではないかと危惧するものです。

◎追記

　本原稿を書き上げた後の2014年4月24日、本判決の二審判決が名古屋高裁でありました。私は二審で一審判決が覆ることを想定していましたが、逆に、私自身の思いが覆される結果となっています。判決では、その請求金額が半減し、別居中であった長男への請求を棄却したのみの"改

善"であって、本質的には何の変化も見られないものが示されたのです。よって、本コラムは今日現在も継続して検証を重ねるべきテーマとなっています。

※1　障害者基本法(2011年8月改正)「(目的)第一条」
※2　「社説　認知症と賠償　家族を支える仕組みを」『朝日新聞』2013年10月3日
※3　畑村洋太郎『だから失敗は起こる』日本放送出版協会、PP.12-16、2006年8月

6 「有事のための平時の連携」
～親密度を高めるための多様な仕組みづくり～

　地域との関係づくりは、待っていても何も始まりません。まちづくりの主体者である地域住民が自ら地域に関わり、創っていくためのきっかけや仕掛けを用意することが大切ではないでしょうか。私たちの法人では、クライエントの支援や、イベントの運営等何かの目的があって地域住民とコミュニケーションをとることもありますが、それ以外に、何の目的もない、いや地域住民との親密度を高めることだけを目的としたコミュニケーションをとらせてもらうことが多々あります。

　たとえば、ペットボトルのキャップやプラスチックトレーを事業所で回収したり、公道に面した土地でクライエントと畑を作ることや、喫煙場所を地域住民とコミュニケーションの取りやすい場所に変える等、とにかく「忙しい」業務の中で、少しでも地域住民とのコミュニケーションの質と量を増やす工夫に取り組んでいます。

　また、個人も然り、集団・組織は絶えず変化し続けるものですから、地域に対しても仕掛けやきっかけを投げかければ必ず変化がみられるものです。私たちの法人の各事業所では、ペットボトルのキャップとプラスチックトレーを回収していますが、ご存知の通り、回収されたペットボトルのキャップは、日本の認定NPOとユニセフを経由して途上国の子どもたちにワクチンに変換して届けられるものです。また、プラスチックトレーは地元の企業がリサイクルのために回収を行っています。こちらも、地域の子育て支援のための活動資金として、法人に対して一部換金を行ってくれるものです。

ペットボトルのキャップについては、各地域では社協が窓口となって集めている事例が多いように見受けられます。私たちは、事業所のある各地域において、当地域では当事業所が回収窓口を担います、と地域住民に回覧板などを通し広報しています。プラスチックトレーについても、同時に広報を行います。

　すると、地域の高齢者をはじめ、子どものある若い両親が事業所にキャップとトレーを持ってきてくれるようになります。実は、私たちの真の目的は、ユニセフに協力することでも、地元企業に協力することでもありません。この活動をきっかけに、事業所を拠点に人々がつながることを意図しているのです。

　ですから、事業所には回収箱を当初から設置していませんでした。顔と顔を合わせてのやり取りこそが、人々をつなげるであろうと認識していたからです。玄関先に回収箱を設置してしまっては、キャップとトレーの回収はできるかもしれませんが、人と人とが接点を持たないうちに回収が済んでしまいます。そうではなく、地域住民から手渡しで預かることで、お互いの顔や名前、ひいては、職業や人柄までも認識するに至るわけですから、この手間はまちづくりには欠かせぬ営みであると言えます。

　まちづくりとは、結果でなく、それをなし得る過程であり、その過程における人々の関わりの在り方こそが重要であると私は考えています。ですが、**図表3-6-1**をご覧ください。トレーとキャップを届けてもらった際、職員も業務の合間の対応でしたので、玄関にそれらを積み上げた状態になったままのことが多々ありました。見るに見兼ねた地域の大工さんが廃材を用いて、作って下さったのが**図表3-6-1**の回収箱でした。当初の意図とは異なりますが、この事業所では回収箱が設置してあります。このように、きっかけがあれば地域における関係性は変化を遂げるものではないでしょうか。そし

て、世界的・全国的な大きな運動を活用して、身近な地域住民同士が繋がるきっかけとしていくことも意味のあることかもしれません。

【図表3-6-1】地域の大工さんが作ってくださったプラスチックトレー回収箱

きっかけと時間があれば
地域は変容するはず…
地域にはまだまだ力が残
されている!!
(地域福祉センター仁伍)

　本章第1節では、ケアとまちづくりの相互作用についての重要性とその実践について叙述しました。個別支援と地域支援の相互作用を地域で引き起こすことは、私たちが開業当初より意図していた実践です。しかし、そのことを成し遂げようと実践を重ねれば重ねるほど、私たちは、この個別支援でも、地域支援とも直接関係しない実践を数多く行っていることに気づかされました。**図表3-6-2**をご覧ください。左側の四角の中の実践が、法人設立以前から意図していた「地域包括ケア(コミュニティケア)」と「コミュニティワーク」の相互作用の関係です。そして、このことだけを一心に意図した実践を重ねていこうとすればするほど、右側の実践を自然と多く積み上げていることに気がつかされたのです。右側の実践とは、クライエントの個別支援や、まちづくりの地域支援のために理解や協力を促すことを目指して地域住民と接点を持ったものではなく、それらの目的や意図の無い所で、ただ単に地域住民とのコミュニケーショ

ンや接点の機会を増やすことだけを狙った実践といえます。いや、地域住民とのコミュニケーションの質と量を増やすことだけを目的とした実践と断言しても良いと思います。

【図表3-6-2】福祉専門職が実践するまちづくり3要素

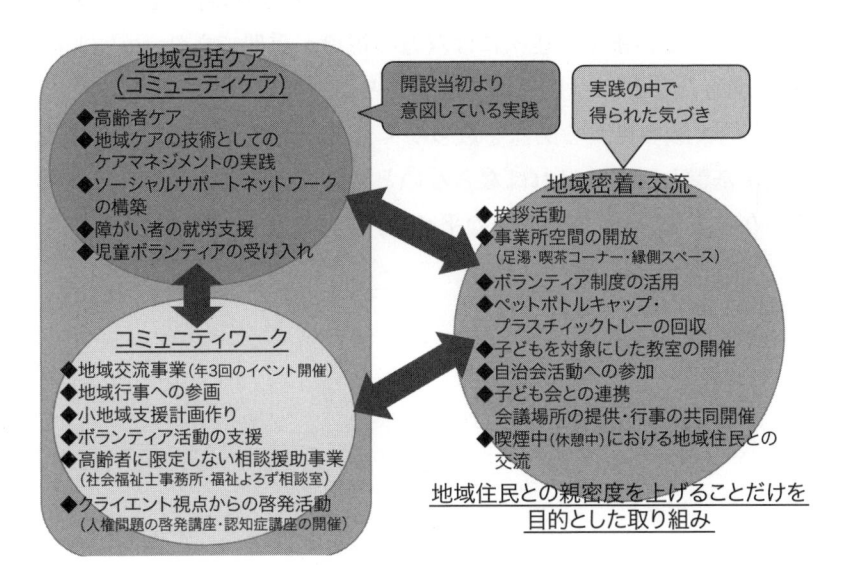

地域包括ケア（コミュニティケア）
- ◆高齢者ケア
- ◆地域ケアの技術としてのケアマネジメントの実践
- ◆ソーシャルサポートネットワークの構築
- ◆障がい者の就労支援
- ◆児童ボランティアの受け入れ

開設当初より意図している実践

コミュニティワーク
- ◆地域交流事業(年3回のイベント開催)
- ◆地域行事への参画
- ◆小地域支援計画作り
- ◆ボランティア活動の支援
- ◆高齢者に限定しない相談援助事業
  (社会福祉士事務所・福祉よろず相談室)
- ◆クライエント視点からの啓発活動
  (人権問題の啓発講座・認知症講座の開催)

実践の中で得られた気づき

地域密着・交流
- ◆挨拶活動
- ◆事業所空間の開放
  (足湯・喫茶コーナー・縁側スペース)
- ◆ボランティア制度の活用
- ◆ペットボトルキャップ・プラスチックトレーの回収
- ◆子どもを対象にした教室の開催
- ◆自治会活動への参加
- ◆子ども会との連携
  会議場所の提供・行事の共同開催
- ◆喫煙中(休憩中)における地域住民との交流

<u>地域住民との親密度を上げることだけを目的とした取り組み</u>

ネットワークやコーディネーション等における他者との連携時、困ったときだけ誰かに助けを求めることは容易でしょうか。また、困ったときだけ、助けを求めに来る他者に信をなすことができるでしょうか。私たちは、日常の中で人々と関係を築き、その平素の関係を基盤として相互支援の行為を行っているのではないでしょうか。であれば、平素の関係のない所には、相互支援は生まれにくいといえるのではないでしょうか。私たちの実践における話も同様で、個別支援や地域支援という目的ある連携を地域住民と行うためには、平素より地域住民との関係づくりを行っていなければそれはなし得

ないということです。

　よって、私たちの組織では、何か他に目的があって連携することはもちろん、そうではなく、関係づくりのための連携、連携のための連携を行うことも多々あるということです。そこから、連携には、「有事」を克服するために行うものと、「平時」から行うものとがあると認識しています。連携には双方の視点が重要であり、人々は「有事」(困ったとき)だけ、連携を図ることができないため、「平時」(日常)の顔と顔の見える関係を数多つくり、それを深めていく地道な実践が基盤としてなければならないと考えています。私は、この連携の在り方を、「有事のための平時の連携」と言っています。

7 基本的コミュニケーションの継続

　本節は、前節の中に含んでも良いものかもしれません。それだけ、前節と親和性の高い話ですが、取り組みとしては非常に簡潔でありながらもとても重要な営みですので、敢えて別立てとして表記をしています。

　先ほど述べた通り、有事に連携するためには、平時における日常的なコミュニケーションが欠かせません。出退勤時、送迎時、クライエントの外出支援時等における地域住民との日常生活会話や挨拶を私たちは非常に大切にしています。地域住民との日常生活会話も大切な「仕事」であると位置づけているのです。

　私たちは創業当初より、地域住民と出会った際は、挨拶のみならず、一言日常生活会話を付け加えることをルール化していました。たとえば、「おはようございます。これからお出かけですか？」「こんにちは。買い物の帰りですか？」「こんにちは。かわいいワンちゃんですね」「こんばんは。お気をつけてお帰り下さい」などといった形で、挨拶プラス日常生活会話を常に心がけた対応を行ってきました。当然今の時世ですから、挨拶が返ってこないことも想定されます。しかし、そんな時世だからこそ「地域の絆」が求められているわけですから、挨拶が返ってこなくても全然良い、返ってきたらラッキー！　ぐらいの気持ちを持って、めげないで継続することを標榜しています。

　その意図は、まさに「有事のための平時の連携」にあることはいうまでもありません。加えて説明すれば、アメリカの心理学者レヴィンガーによれば、人々の親密度にはレベルがあり、段階を経て

深まっていくといわれているそうです（**図表3-7-1**）。

【図表3-7-1】人間関係の親密度のレベル

レベル0　おたがいに知らない、無関係な状態です。

レベル1　相手を一方的に知ってる状態です。影響を及ぼしあうことはありません。

レベル2　たとえば、あいさつをかわすぐらいの、「顔見知り」という段階です。近所に住んでいる、席がとなりだったなど、物理的に近いというふたりのあいだで表面的な相互作用が生じます。

レベル4　相互接触段階といわれます。
①低相互作業(知り合い)②中相互作用(友人)③高相互作用(親友、恋人)
前の段階より親しくなるためには、たがいに類似性、つまり、なんらかの共通性や共通点があることが、また男女間では身体的魅力も大きな要素となります。
②の段階になると、こころをゆるし、たがいに本来の自分を見せ(自己開示)、より親密になります。自己開示がさらに深まってたがいに依存する関係になると、③の段階に達するのです。

出典：厚東篤生・濱田秀伯『よくわかる！　脳とこころの図解百科』小学館、P.187、2008年

　私たちが意識すれば、図中「レベル2」にまでは簡単に到達するものです。その積み重ねと継続こそが、「有事」の際に生きてくるのです。意識すれば直ぐにできること、当たり前のことこそを組織だって実践する必要があるのではないでしょうか。

8 情報開示の促進

　地域との連携における調査等で、専ら上がってくる課題が個人情報保護法による障壁です。私たちの法人の各事業所では、常に地域住民の出入りがあります。これはある種、個人情報が"垂れ流し"の状況にあるのかもしれません。しかし私たちは、クライエントの個人情報はクライエントの暮らしの質を高めるために用いると考えています。個人情報は積極的に保護するのみならず、クライエントの暮らしの質を高めるために必要であれば、本人の同意を得た上で積極的に開示するべきものでもあるはずです。地域的閉鎖は却ってクライエントの暮らしの質を低下させる事実に目を目向けた対応が求められていると思っています。私たちが運営するある事業所では、「徘徊」されて1人で外出される可能性のあるクライエントの個人情報を、本人・家族の同意の上、自治会の総会の場や回覧板を用いて積極的に情報の開示を行っています。また、職員はクライエントに関わる際の姿を地域住民に見せていく実践を重ねていますので、「徘徊」時職員はクライエントの後を黙ってついて地域を歩いています。そのことも相まって、「徘徊」時に地域住民が連絡をくれることや、事業所まで連れてきてくれる関係を構築するまでに至っています。
　「なぎさの福祉コミュニティ」論の箇所で述べた岡本榮一氏によれば、リスクをポジティブに捉える視点が重要であるとのことです。氏は「リスクを多く含むと見られる"地域社会関係"の中に、逆に多くの秘められた豊かさや生産性があることに注目する。つまり、地域的閉鎖はかえってリスクを生産するという観点に立つ」と論じ、その

際の重要な３つの視点について以下のように説明があります。

> ①「ネガティヴリスク」に対して「ポジティヴリスク」が重要であり、リスク管理において、リスクのポジティヴでダイナミックスな側面を活用すること。
> ②リスクとチャンスは表裏の関係にある。リスクをチャンスに変えるのもリスク管理の重要な目的。
> ③リスクの識別とプロファイリング（輪郭化）を行い、リスクを評価し、リスクコミュニケーションを重視し、リスクの負の効果を減少させるなどのリスクマネジメントを試みることが重要[※1]。

　つまり、リスクをクライエントの家庭や事業所の中で閉ざし続けるのではなく、むしろ地域に「ひらいて」いくことで、地域はあるべき姿へと変貌を遂げていくのではないかと考えるのです。リスクや課題には、人々の意識を揺さぶり変化を促進する"強み"があると私は捉えています。このようなポジティブリスクマネジメントの視点で、個人情報と向き合う必要があると思います。

※1　岡本栄一「なぎさの福祉コミュニティと地域社会関係論－入所型福祉施設の地域福祉論への復権－」『地域福祉研究No38』日本生命済生会、P.80、2010年3月

9 地域住民に対する空間の提供

　まちづくりを実践するためには、人が集い活動する空間が必要であるといわれています。まさに、事業所はそれを有していますので、事業所の空間を積極的に地域住民に提供しています。子ども会の役員会や、老人クラブの総会の場として、下校時の子どもたちの待機場所、子どもたちの遊び場・ボランティア活動の場、喫茶や足湯の活用の場など、地域住民に努めて事業所の空間を活用いただくようにしているのです。いくつか写真を用いて事例を紹介します。

　図表3-9-1は、法人の職員研修室を地域の老人クラブに貸し出しを行っている際のものです。

【図表3-9-1】老人クラブとの連携

クライエントも地域住民として参加（コミュニティホーム仁伍）

　この地域では、老人クラブの行事はすべて当法人の職員研修室で実施されています。当然、私たちのクライエントも、地域住民ですからこの行事に参加をしています。また、各事業所には、わずかばかりでも地域住民が集える空間を設置しています。すべての事業所に、

喫茶コーナーと足湯を設置しているのです(**図表3-9-2**)。

【図表3-9-2】喫茶コーナーと足湯コーナー

（地域福祉センター仁伍）　　　　　　（地域福祉センター宮浦西）
偏向した空間にならないよう、多様な関わりを求めています

　学校帰りに小学生が立ち寄ったり、グランドゴルフや、登下校の見守りパトロールの帰りにコーヒーを飲みに来られる住民もいます。そこで、何気ない会話が日常的に継続されることになります。
　一方、喫茶コーナーや足湯、もしくは、特別な地域交流スペースを有さなくとも、クライエントの日々の生活空間を夜間に貸し出すなどで、空間の提供を行うことも可能です。**図表3-9-3**では、子ども会の役員会の開催場所として、事業所の和室を貸し出している事例に係るものです。事業所には、設置基準上必ず設けなければならない空間が用意されているわけですから、クライエントの支援に支障のない範囲で地域のために積極的に活用してもらいたいと思います。

【図表3-9-3】子ども会との日常的な連携

児童の支援と高齢者の支援は何処かでつながっている！　（地域福祉センター宮浦西）

最後の写真は、地域の高齢者が喫茶コーナーを利用しているものです（**図表3-9-4**）。

【図表3-9-4】喫茶・足湯コーナー

偏向した空間にならないよう、多様な関わりを求めています（地域福祉センター鹿川）

事業所の玄関に置かれた押し車は、この地域住民のものです。言わずもがな、このように事業所の空間を住民として活用していた人々が、当事業所のクライエントとなることは十二分に想定されて

いますし、事実そのような流れで事業所の利用に至った事例も珍しくはないのです。

　事業所には元来豊かな空間があります。それは、地域支援を行う際の事業所の確たる"強み"といえるでしょう。特別な空間を余分に設けることはさらにその"強み"を促進することにつながりますが、とりわけ、十分な空間が無くとも、介護保険上の設置基準の範囲においてもそこには地域にとっては十分すぎる空間が存在します。私たちには、その自らの強みを自認した実践が求められているのです。

　また、私たちの空間に対する考え方としては、外部の地域住民を段階的に内部に案内する方式をとっています。たとえば、クライエントの生活空間とも言える事業所の談話室や和室などの空間に地域住民が容易に入って来るでしょうか。旧来の社会福祉施設に対するイメージから察しても、これは容易なことではないと考えます。ましてや、クライエントの暮らしの場と化している空間は、そもそも他者が立ち入りにくい雰囲気を有しています。そこで、私たちは、**図表3-9-5**のように、地域住民が積極的に活用できる空間を事業所の外側により多く設置をしています。

　私たちの考え方は、クライエントの暮らしと私たちの仕事を地域に「ひらいて」いくことにあると伝えました。その過程において、地域の課題と私たちの仕事についての地域住民に対する体験的理解を促進することを意図しているのです。であればこそ、私たちの狙いとしては、事業所の空間を地域住民に積極的に活用してもらうことだけでは不十分です。地域住民に事業所に来てもらうだけではなく、そこに、クライエントと私たちとの関わりの機会が無ければ意味が無いと考えているのです。だからこそ、私たちが地域住民に入ってきてもらいたい空間は、まさにクライエントの生活空間たる

【図表3-9-5】「空間の提供」の序列

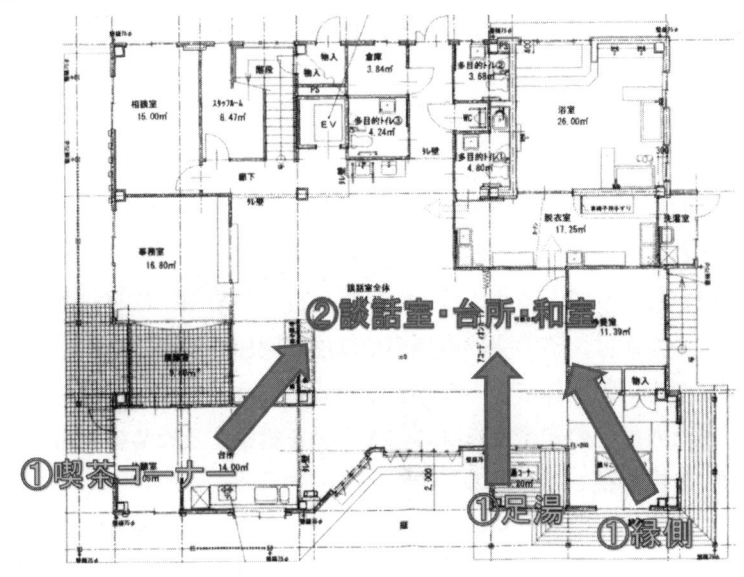

①喫茶コーナー
②談話室・台所・和室
①足湯
①縁側

②談話室や台所、和室となります。

　しかし、前述のように第三者が突然、その場所に足を踏み入れることには抵抗感があるのも事実です。そこで、私たちは、地域住民を段階的に中に呼び込む手法を取っています。まず、①喫茶コーナー・足湯・縁側・地域交流室などを事業所の外側に設置します。喫茶コーナーや地域交流室には事業所の内部を通らなくとも、直接外部からその部屋に入れる設えとしています。そのことによって、地域住民は幾分それまでの抵抗感を緩和した形で事業所を訪れることができます。

　事業所の外側で、クライエントと直接関わらない空間で過ごすことにはなりますが、まずは事業所の空間に入ってきてもらうことが最も重要な営みといえます。なぜなら、事業所の空間に入ってくる

以上、職員とは必ず関わりを持つようになりますし、そしてその関係が薄くとも、クライエントとも一定の関わりを有するようになるからです。このことを継続していくことによって、クライエントの生活空間たる談話室・台所・和室へと入ってくることができるようになるのです。

　逆説的に言えば、クライエントと職員との一定の親密度や信頼度が無ければ、地域住民が私たちの生活空間にまで足を踏み入れることは無いということです。つまり、地域住民が事業所に日常的に来所するか否かは、その空間の規模や機能が関係するのではなく、その親密度や信頼関係によって左右されるということです。だからこそ、私たちはその親密度を高め信頼関係を構築するための日常的な関わりを重要視しているのです。

　その日常的な関わりを担保するために、まずは、事業所外部に設置されている空間を活用し、地域住民との日常的な関わりを継続しています。その後、そこで培われた親密度・信頼度をもとに、クライエントとの交流の機会を増やしていきます。また、職員の仕事の補佐を依頼するなどのボランティア活動へとそれがつながることをも狙っています。

　1つの事例を用いて説明をしておきます。グランドゴルフの帰りにコーヒーを飲みに毎日喫茶コーナーに立ち寄る地域住民がいます。この方は当初は、介護や福祉にほとんど興味を示しませんでしたし、クライエントに対してもまったくといっていいほど関わりを持とうとしませんでした。いつも5、6名の仲間と喫茶コーナーに訪れ、何気ない世間話を交わすことが常でした。ただし、職員とは毎日世間話を交わし、喫茶コーナーから見える範囲でその仕事をする姿も眺めていました。また、クライエントの姿も遠目に見える状況にもありました。

喫茶コーナーに通い始めて1年以上経ったそんなある日、この方から、今ハーモニカの練習をしているのだが、中にいる人たち（クライエント）に昔の曲を演奏したら喜んでくれるだろうか、との声がかかったのです。職員は喜んでその提案を受け入れ、このハーモニカを用いた演奏と合唱はクライエントの定期的な活動として今でも定着しています。その後、地域行事などで、この住民のハーモニカ仲間数名と当事業所のクライエントによる合唱を披露することにまで進展を遂げています（**図表3-9-6**）。

【図表3-9-6】仁伍音楽祭

クライエントの姿が見えるイベント運営を！（地域福祉センター仁伍・コミュニティホーム仁伍）

　当初は喫茶コーナーの利用者でしかなかった地域住民が、喫茶コーナーにおける限定的なクライエントと職員との関わりを通し、自らの特技をクライエントのために役立てたいと思い、提案し、そのことを実現するに至ったのです。この事例を通してもわかるように、人々の関係は段階的に深化・変化していき、その関係性によって、その後の行動に多大な影響を与えるものと思われます。また、親密度と信頼度を高めるためには、一定程度の関わりの時間を要するため、その営みには継続性が不可欠であるといえるでしょう。

地域住民が事業所空間を活用することによる事業所の利点は大きく2つあります（第1章第3節第3項）。①クライエントの継続的な支援と、②事業所内における「普遍的な関係性」の維持が可能となる点です。①は、現在介護が必要でない地域住民も10年すれば私たちのサービスを利用するようになることも考えられます。現に、上記事例のように、喫茶コーナーや足湯を利用している地域住民には高齢者が多く、既に要支援状態にある方も多くいらっしゃいます。その方々が、本格的に介護が必要になった際に、"通い慣れた"事業所で介護サービスを受けることができるようになれば、それは環境変化を極力低減させた形での継続的支援につながることとなります。

　②については、閉鎖された空間内における介護は、支配的援助関係に陥りやすい環境にあるといえます。24時間365日閉ざされた空間内で、介護をする側とされる側のみが存在する環境には、両者の関係性に偏向が生じ、結果、介護する側が恣意的にクライエントを管理してしまうといった陥穽にはまる可能性があります。そのような偏向した関係を極力「ノーマル」な関係に補正するためにも、そこは地域に開かれた空間であるべきだといえます。良質なケアを維持するためには、外部の視点や視線を感じながら程よい刺激と緊張感を施設・職員が得ることが不可欠です。実は、地域にはそのような力もあるのです。

10 | 活動における過程・即応・改変を大切にした実践

　この点は「私たち地域の絆の行動指針」の地域住民対象編としての「私たちと地域の皆様との約束」にも明記されている事柄です。

　私たちは、地域福祉活動のうち、結果よりもむしろその過程を重要視しています。たとえば、地域交流事業の中におけるイベント運営においても、盛大できらびやかなイベントをすることに重きを置いているわけではありません。その準備から当日の運営を経て反省会等の終結に至るまでの過程において、地域住民との多く接点をもってその関係性を深め、活動の進展に繋いでいくことこそが重要だといえます。

　私たちの法人では、たとえば、イベントの運営における人手や備品の確保は、すべて地域住民の協力を得て行っています。また、そのための準備期間として、イベント開催日の2か月ほど前から地域住民と協議を始めています。介護業務の合間に準備をしているため、最低2か月の準備期間を要するわけです。

　この営みを何年も続けることで、公民館や集会所の貸し出し可能な備品（長机・パイプ椅子等）の数や、地域住民の自宅の倉庫にある備品（材木・工道具・杵・臼等々）、地元企業の有する備品等を職員は把握できるようになります。加えて、地域住民と協議を行う際の連絡の順序と経路や、地域住民一人一人の人柄や、持っている技術までも理解するに至っています。協議を行う際に、キーパーソンとして外してはならない住民を度外視して進めてしまったが故に後にトラブルが発生することもありました。住民の人柄を理解しなければ、交渉の精度も高まりません。

さらに続ければ、職員と住民との個人的な相性や関係性も連携時の大切な要素となります。そして、忘れてならないことは、地域が有するストレングスに着眼する視点です。住民はそれぞれが多くの強みを持っています。大工仕事が得意な住民、音響等の電気関係が得意な住民、菜園についての知識を持っている方、餅つきの杵取りができる方など、それぞれの強みを活かした関わりをしてもらうことがまちづくりを促進することにつながります。

　体験的学習や理解の促進は、体験と言う過程を通じてなされるものです。地域住民とクライエント・職員の関わりが、いや地域住民同士が交わるその過程こそが最も重要であることはいうまでもありません。以上のすべては、多くの失敗を繰り返しながら理解に至った私たちの財産そのものです。

　即応と改変に関しては、第２章第３節第３項の「『地域の絆流』地域福祉援助過程」で示した通りです。本章は実践編ですから、より具体的な事例を用いて説明します。私たちの地域交流事業の出発点は、イベントの運営からでした。**図表3-10-1**は、金子勇氏による有名な「コミュニティ要素モデル」の図解ですが、介護福祉施設として、まず取り組めるべき要素としてこのイベントに着眼したものです。

　我が国には、伝統文化や宗教に係る地域行事が古くから執り行われてきました。たとえば、多くの井戸には水神が祀られていました。であればこそ、井戸はいつも綺麗にしておかなければならないと言われてきましたし、その一環として、年に一度の水神祭りが開催されたりもしました。しかし、これらは、水神が井戸に宿ると真剣に信じられていたわけではなく、飢饉や災害時に地域住民同士が協力できるようにその関係を深めるためのものであったと推察されます。まさに、「有事のための平時の連携」です。そのイベントの持つ力

【図表3-10-1】コミュニティ要素モデル

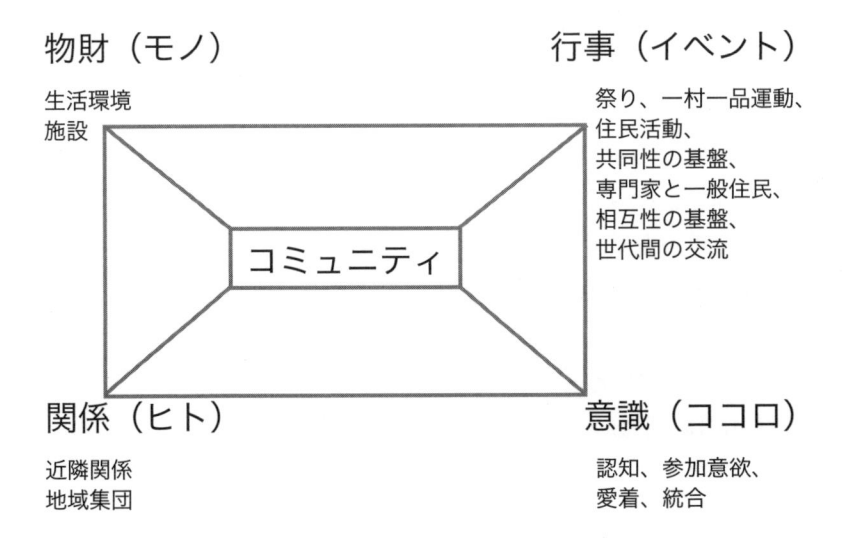

物財（モノ）　　　　　　　　行事（イベント）

生活環境　　　　　　　　　　祭り、一村一品運動、
施設　　　　　　　　　　　　住民活動、
　　　　　　　　　　　　　　共同性の基盤、
　　　　　　　　　　　　　　専門家と一般住民、
　　　　　　　　　　　　　　相互性の基盤、
　　　　　　　　　　　　　　世代間の交流

　　　　　　　コミュニティ

関係（ヒト）　　　　　　　　意識（ココロ）

近隣関係　　　　　　　　　　認知、参加意欲、
地域集団　　　　　　　　　　愛着、統合

出典：金子勇『地域福祉社会学　新しい高齢社会像』ミネルヴァ書房、P.123、1997年5月

にあやかってみようと考えたのです。

　ですので、そのイベントの運営過程の中で、地域住民同士および地域住民と事業所（クライエント・職員）との交流を促進することを狙ってきました。交流促進。当初の目的はこのただ一点です。その目的のために年に3回の開催頻度を目安にイベントの運営を行っていました。その後、「地域住民のニーズ調査の一方法例」で示した聞き取り調査を実施し（第2章第3節第2項）、今度はその結果に基づいた実践を展開するようになりました。調査の結果として、挙がってきた主たる項目は以下の通りです。

> ◎町内の美化
> ◎自分の知識や才能を活かしたい
> ◎安全の確保（子どもの夕方の安全）
> ◎町内の交流
> ※新興地と旧家の交流や近所付き合いがない。近所の情報が入ってこない。
> ◎世代間の交流
> ※若い人の地域活動参加率が低下している。
> ◎文化の継承
> ※地域行事に関心を持ってもらいたい。
> ※仁伍（地域名）のことをもっと知ってほしい。
> ◎行事の人手不足
> ◎地域活動における後継者不足

　私たちは、その中でも、「世代間の交流」「文化の継承」「行事の人手不足」「地域活動における後継者不足」の項目に着眼しました。実践の中でも、「若い者が地域活動に参加しなくなった」「年寄りばかりで、地域行事をやっているのでいつまで続けられるのか」といった声を多分に聞いていたからです。このことを契機に、私たちの主催するイベントには、20代から40代の若い世代の参加を促進するという目標が付け加えられたのです。

　若い世代にイベントに参加してもらうために考えついたのが、子どもを対象にしたイベントの運営でした。**図表3-10-2**では、そうしたイベントを行うことで、対象となる若い世代の姿が多く見られることに気づきます。地域の保育園・小中学校・高等学校と連携を図り、子どもたちの出し物の披露の場としたのです。そうすれば、子どもたちを目的に、両親が、2つのものを持ってやって来るよ

うになりました。そう、カメラとサイフです（**図表3-10-3、図表3-10-4**）。このことを通していえることは、人々の関係性の希薄化が確認される市井にあって、子どもたちに対する大人の思いや愛情は未だ保持されていることが確認されるということです。本実践は、その地域の中に残っている強みを活かした実践であるとも言えます。このような若い世代を対象としたイベントを繰り返すことによって、実際の地域活動に若い人たちが数名地域活動に参加するようになりました。

【図表3-10-2】仁伍こいのぼり①

20代から40代の住民を地域活動に巻き込むには…（地域福祉センター仁伍）

【図表3-10-3】仁伍こいのぼり②

子どもを対象にしたイベントを開催すれば、後方からカメラとサイフを持った若い世代が（地域福祉センター仁伍）

【図表3-10-4】宮浦西餅つき大会

子どもを対象にしたイベントを開催すれば、後方からカメラとサイフを持った若い世代が（地域福祉センター宮浦西）

　しかし、その後、今度は一部の若い世代のイベントに対する協力が得られなくなってきたのです。参加率が著しく下がり、若い世代が顔をあまり見せなくなりました。そこで、地域の子どものある若い世代の地域住民に職員は聞き取りを行いました。今度子どもを対象にしたイベントを開催するのだが、そのイベントを通して子どもたちに何を伝えればよいのか助言が欲しいと問い掛けたのです。すると、大きく次の２つの答えが返ってきました。①物の大切さを伝えたい、②人と人との繋がりの大切さを感じてもらいたい。

　①は、筆箱を買って与えても、少し壊れただけでもう新品を買うことをねだってくることや、②では、地域住民や友達を大切にしない傾向があることなどが語られました。そこで、私たちは、子どもたちに上記２点が伝わる内容のイベントを開催するべくその内容に変更を加えることにしました。**図表3-10-5**、**図表3-10-6**がその事例の風景です。

　図表3-10-5では、廃材を使って水鉄砲を制作するイベントを、**図表3-10-6**では竹を使ってゴム鉄砲を作るイベントを行いました。一人の力では制作ができない程度の難易度を少し上げたものにして

います。その理由は、地域住民や両親、年上の子どもたちの力を借りながら制作することを狙っていたからです。天然材や廃材を用いて玩具を作ることで物の大切さを感じてもらい、他者の力を借りてその制作をすることで人と人とのつながりを感じてもらう。これこそが、職員が考え出した、地域の若い世代の要望に対する答えでした。その後、若い世代は、引き続きイベントに協力・参加するようになりました。

【図表3-10-5】仁伍こいのぼり③

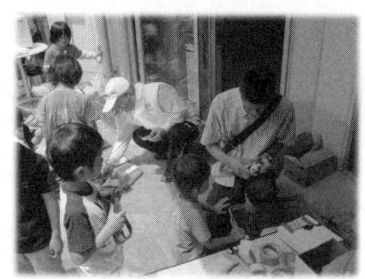

子どもの育成につながるイベントの運営を行えば、両親は協力してくれるはず
両親に、子どもに伝えたい思いを伺うと…
→物の大切さを学んで欲しい。人と人とのつながりの大切さを知ってもらいたい
→実践の中で新たなニーズを把握していく（地域福祉センター仁伍）

【図表3-10-6】仁伍こいのぼり④

カッターナイフよりも、糸ノコギリの方が、怪我をしにくいと、地域住民の配慮も…
作るだけではなく、作ったものを使って遊ぶことが大切だと地域住民
（地域福祉センター仁伍・コミュニティホーム仁伍）

　いかがでしょうか。たとえば、マニュアルで決めた同じイベントを紋切り型にただ単に繰り返すだけでは、恐らく、地域との関係を

深めることは期待できないのではないでしょうか。「『地域の絆流』地域援助過程」で示した通り、援助活動という地域住民との関わりの中で、地域住民の反応やその時々の思いを察して知り、その発掘されたニーズや情報をもとに、新たな計画につなげていくことこそが重要なのです。すなわち、活動における即応・改変が重要であると言えます。

　また、これらモニタリング（経過観察）をするにあたって、上述のように、関わりの中で知り得た情報および発掘されたニーズを共有することはもちろん重要ですが、それとは、異なる経路においても、その情報を集めるようにしています。イベント実施時に、地域住民に毎回アンケートを取っているのです。

　図表3-10-7をご覧ください。アンケート項目前半では、イベントの感想を聞いていますが、その後半に私たちが最も尋ねたい核心が込められています。地域生活で困っていること・やりたいこと、そして暮らしやすい地域について問うたものです。イベントの感想ももちろん重要なのですが、このアンケートの目的は、むしろそこではなく、後半の地域住民の社会生活ニーズに焦点を合わせた質問にあります。前半部分を"カムフラージュ"に使って、後半の核心部分を少しでも聞き出そうと構成されています。また、このアンケートは確実に集計および記録され、次回のイベントや地域活動の計画の際に貴重なデータとして活用されています。まさに、援助活動という関わりの中で知り得た情報を最大限、次の実践に活用しようと考えているのです。

【図表3-10-7】モニタリングの一部

　　　　　　　　　年　　　月　　　日（　　）

　　　　　　　　┌─────────────────┐
　　　　　　　　│　第　　　回　　アンケート　│
　　　　　　　　└─────────────────┘

本日は、［　　　　　　　　　　］に　ご参加いただきありがとうございました。
今後の行事に役立てたいと思いますので、以下のアンケートにお答えいただければ
幸いに存じます。記入欄にご記入していただき、選択項目には丸を付けてください。

お住まいの地区について○で囲んで下さい。
　　　【　　　　　　　　　　　　　　　】
記入者年齢（10代・20代・30代・40代・50代・60代・70代・90代）
1．［　　　　　　］は、たのしめましたか？
　　①楽しかった
　　②ふつう
　　③楽しくなかった
2．良かった点はどこですか？

3．悪かった点、改良した方が良い点はどこですか？

4．町内で生活している中で困っていること・不安に思っていることがありますか？
　　①ある
　　②ない
5．具体的にどんなことですか？

6．町内会でやりたいことはなんですか？

7．どんな町内だったらよりすみやすいと思いますか？

センターへのご要望、ご意見をお聞かせ下さい。（自由に記入してくださいね!!!）

ご記入ありがとうございました。
　　　　　　　　　　　　　　　　　　　　　　　［地域福祉センター○○］

【図表3-10-8】あるイベントのアンケート集計結果

2011年12月11日　イベント名【もちつき大会】

集計日　2011年12月14日
地域福祉センター○○○

お住まいの地区

A	4
B	4
C	0
D	0
E	2
その他	3
未記入	8

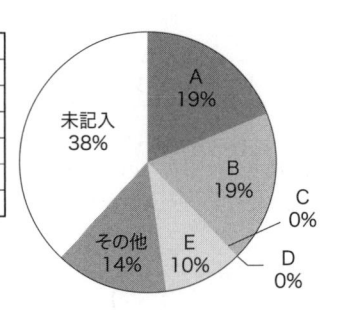

記入者年齢

10代	0
20代	1
30代	1
40代	2
50代	5
60代	3
70代	3
80代	0
90代	2
無記入	4

1. 「第4回餅つき大会」は、楽しんで頂けましたか？

①楽しかった	13
②ふつう	5
③楽しくなかった	0
無記入	3

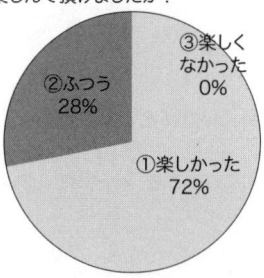

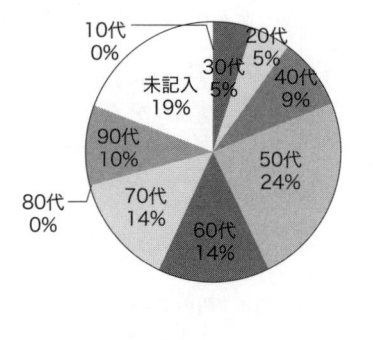

2. 良かった点、楽しかった点はどこですか？

みんな楽しそうにしていた。　　　　　　　　（2名）
子ども（孫）が楽しいと言っていた。
みんな良かった。
役に立ててうれしかった。　　　　　　　　　　（2名）
子どもが喜んでいました。
足湯に来られる方（80～90歳）が手伝いに来てくれた。
もちが人気だった。
スタッフの方が明るくて良かった。

3. 悪かった点、改良した方が良い点はありますか？

餅をつく男の人数が少ない。　　　　　　　　（2名）
餅をつく担当を決めていなかった。
お餅が買えなかった。
ボランティアの方に券と引き換えにもらえない人がいた。
ボイラーの火が弱かった。
もち米がよくむせなかった。
終わった後に反省点色々あるが次の年に生かされていない。
チケットの数。

4．町内で生活している中で困っていること・不安に思っていることがありますか？

ある	11
ない	19
無記入	9

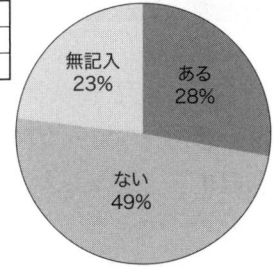

- 無記入 23%
- ある 28%
- ない 49%

5．「ある」と答えた方具体的にどのようなことですか？

| ＊思いつかない。 |
| ＊子どもたちの通学路。 |
| ＊家の周りの高齢化。 |
| ＊自分の先行き。 |
| ＊幸せのねたみ。 |
| ＊近所。 |
| ＊バイク |
| ＊いろいろある。 |
| ＊一人暮らしの安否確認。 |
| ＊近くに入院する所がない。 |

6．町内会でやりたいことはありますか？

| ＊町内を盛り上げて行きたい。 |
| ＊時々皆が合同ですること。 |
| ＊カラオケ大会。 |
| ＊皆の集まり。 |
| ＊たくさんあります。 |
| ＊花火大会、とんど。 |
| ＊多くの人と仲良くなりたい。 |
| ＊イベント。 |
| ＊こうゆう催し物。 |
| ＊入院できる病院が欲しい。 |

7．どんな町内だったらより住みやすいと思いますか？

| ＊横のつながりのある町 |
| ＊老人、若人、子どもたちが一緒にできる行事があると良い。 |
| ＊イベントが月に一回あると良い。 |
| ＊年寄りに親切なところ。 |
| ＊何でも遠慮なしに言えること。 |
| ＊皆の輪を広げたい。 |
| ＊明るく生活できるように、みんなひとりひとりＡに住んでいる意味や役割を感じてほしい。 |
| ＊安全な町 |
| ＊昔のように地域で仲良くなりたい。 |
| ＊誰とでも、あいさつが交わせる。 |
| ＊隣近所、声の掛け合いができる町内。 |
| ＊赤字の町が大きい顔をしない町内。 |

第3章 具体的な実践方法（実践編）

11 ネットワーキングやコーディネーションの視点

　私たちの組織では、医療・保健・福祉領域との連携のみならず、教育や司法分野、地域住民との連携が一定程度図られています。そのことによって、多様な情報収集と、新たなネットワークの構築が成されていると実感しているところです。

　本章第5節に述べた共生ケアなどは、医療・教育・司法分野の専門職と連携を図った上で実践が成されています。小児科医との連携のもとに障がい児の受け入れを行ったり、家庭裁判所との連携のもとで触法少年や不登校児の受け入れを行うに至っています。また、地域の小学校との交流も盛んな事業所もあり、子どもたちの参観日には当事業所のクライエントも毎回招待されています（**図表3-11-1**）。

【図表3-11-1】教育機関との連携

子どもと高齢者は相互に社会資源となり得る
「教える」ことは、居場所と役割の創出につながる営み（地域福祉センター鹿川）

　このように、多様な分野とつながることによって、地域の多様なニーズに触れる機会を増やすことが可能となります。

また、活動圏域以外（市外・県外・海外）で活動されている人々との交流を通して、自身の実践を高めていくことも大切な視点です。私たちの実践においても、活動圏域外の見学者の積極的な受け入れや、講演活動等を通して活動圏域外の人々との交流を意図的に行っているところです。活動分野や圏域を越えた連携こそが、創造性と開拓性のある実践を可能とすることでしょう（第１章第３節第３項）。
　以上の意味において、地域住民同士も圏域を越えた連携を促進すべきだと思います。面白い事例として、私たちは広島県内の各地域で実践を行っていますが、ある拠点地域の住民が、私たちの別の拠点地域で開催するイベントに参加することがありました。その際、私は、その異なる地域の住民同士を紹介し、その後、住民同士、各地域の取り組みについての意見を交換するようになっていきました。私たちの取り組みが、圏域を越えた地域間連携の促進につながればと考えています。
　また、私たちが地域活動を実践する利点と強みは、既存の団体・組織、そして関係性に縛られない実践が展開できることにあります。既存の活動で成し得ることは、そこで担ってもらい、私たちは私たちにしかできない活動に焦点化すべきでしょう。その中の一つに、既存活動では、認識されない人々やそのニーズの発掘があります。今ある団体や組織には参加されない人々と、私たちはつながることができるかもしれないのです。その意味において、既存の活動とは異なるネットワークや人々にも視野を広げた関係づくりが重要であるといえます。
　この契機となるのが、いわゆる"余所者"の視点であり、その参加です。ですので、私たちは、既存活動を尊重しながらも、そこに新たな活動を加えるべく、新たな視点での活動を展開しているのです。そのためには、"余所者"を歓迎し招き入れ、そして、"余所者"

第３章　具体的な実践方法（実践編）

と連携を図ることも重要な一つの視点であることを付言しておきたいと思います。

12 複数の実践の複合的・有機的な展開

　本書で示した実践は、多くの実践のごく一部に過ぎません。大切なことは、1つの実践だけを継続して行うよりは、複数の実践（内容や頻度、時間帯、場所、対象者の異なる実践）を同時に行うことが効果を発揮しやすいということです。つまり、1年に1回夏祭りを行っているだけの関わりでは、恐らく上手くはいかないということです。複数の実践を同時に"仕掛けて"いくことで、多様な住民と接点を持つことができ、住民と住民をつなぐことも可能となります。また、複数の実践が共鳴し、それぞれが進展することもあるのです。どの実践にも共通する課題が見えてくることもあります。

　私たちは、一つ一つの小さな実践を別々に区別して取り組むべきではありません。誰もが自分らしく安心して暮らせる地域社会の構築という大いなる目的に向けた、それぞれが1つの道程であり、布石であると認識すべきです。すべての実践はその目的のもとにおいて、すべてつながっているものと強く認識することが重要です。一つ一つの実践を丁寧に重ねていくと同時に、複数の実践を複合的・有機的に機能させ、大きな目的に従った全体を見ていく必要性をここでは確認しておきたいと思います。

13 地域包括ケア（地域ケア）の技術としてのケアマネジメント実践

　地域包括ケアを推進するための重要な一つの実践としてケアマネジメントがあります（第1章第2節第2項）。なお、当該項でも叙述しましたが、本書では、旧来から用いられている地域ケア・コミュニティケアと地域包括ケアを同義として扱っています。ケアマネジメントは、地域包括ケアを展開するための技術であると叙述しました。また、地域包括ケアには2つの大きな要素が含まれていて、1つは、自分らしく安心して住み慣れた地域でクライエントがその意思に基づき暮らし続けること、そして、その暮らしを、地域のあらゆる社会資源を把握・発掘・創出してクライエント自身が活用することが挙げられます。

　社会資源イコール介護保険サービスではなく、社会資源を本来の意味通り、幅広く捉えたケアマネジメントの実践が求められています。また、この実践は、「サービス優先アプローチ」ではなく「ニーズ優先アプローチ」で行っていくことによってより促進されることになるでしょう。クライエントのニーズを優先した実践をクライエント主導で行うまさにストレングスモデルの実践が求められているのです。

　以下では、これらの考えに基づいた2つの事例を用いてより具体的な説明を試みたいと思います。なお、本事例は2事例ともに私たちの運営する小規模多機能型居宅介護で展開されたものですが、その他の介護福祉施設においても援用ができる視点で叙述していきます。

　理想を言えば、小規模多機能型居宅介護におけるすべてのクライ

エントに対してこれらの実践が求められるのですが、私たちは、高齢者の独居世帯・高齢者のみの夫婦世帯・「多問題」世帯（同居する配偶者や子が要援護者である世帯など）のクライエントに対してはより重点的に、介護保険サービス以外のあらゆる社会資源を視野に広げた地域包括ケアを強く意図した実践を行っています。これらの世帯においては、特に家族機能の低下が顕著であり、クライエントの地域での暮らしを支援するためには、地域住民の理解や協力がさらに必要不可欠となるからです。

　まず1つ目の事例として、要介護3（障害老人の日常生活自立度J2・認知症高齢者の日常生活自立度Ⅲa）で70代女性の独居高齢者の事例を紹介します。私たちは、独居高齢者と一言で表しても、そこにはさまざまな課題の段階があると認識しています。①隣近所に介護者が住んでいる、②市町村・都道府県内に介護者が住んでいる、③都道府県外および海外に介護者が住んでいるといった具合にです。同じ独居であったとしても、3つの段階に応じて、支援の在り方は大きく変わってくることは理解できるのではないでしょうか。本事例は、③に該当する事例でした。

　長年住み慣れた自宅での暮らしを継続したいと思っている本人の生活課題の中心的なものを挙げると、ADL（日常生活動作：activities of daily living）では入浴・排泄・更衣に一部の介助が必要であり、IADL（手段的自立度・手段的日常生活動作能力：instrumental activities of daily living）においては、調理・買い物は一部の介助、掃除・洗濯は全介助の状況でした。また、火の不始末の問題があり、仏壇や台所からの出火が懸念されました。当事業所のみの支援を受けながら、自宅で暮らすには、本人にとってのリスクの多い切迫した状況であるといえます。であればこそ、地域の住民・商店による見守りや軽微な家事支援を導入しなければ今後の在

宅での暮らしは継続できないと私たちは考えました。本事例では地域包括支援センターの協力も要請しましたが、当事業所を含めた専門職以外の支援体制も合わせて構築し**図表3-13-1**の援助活動を実践しました。

【図表3-13-1】独居高齢者の支援に活用したイン（セミ）フォーマルな社会資源の例

サービス内容	提供頻度	提供者
買い物時の支払の支援・販売物の調整・見守り	週に3回	コンビニ店員
家の外からの見守り	毎日 毎日 毎日	登下校時見守りボランティア 近隣住民・民生委員 リサイクルショップ店員
ゴミ出し	週に2回	近隣住民A
庭の草取り 畑の菜園活動 見守り （地域との関係の強化）	随時	コンビニオーナー・民生委員・地域住民・当事業所職員

　認知症で一人暮らしのクライエントの支援は、24時間365日の対応が不可欠であり、また援助の幅も非常に広いため、時間的・質的に際限のない実践が求められます。本事例でも、庭の草取りや、ゴミ出し、多頻度の見守りが求められました。これらすべての対応を当事業所だけで実践することは不可能であり、事業所外部との連携を持って、クライエントの支援に当たることが不可欠でした。逆に言えば、私たちが事業所外部のフォーマルを含めたイン（セミ）フォーマルな社会資源へのアプローチを行わなければ、本人の希望である「自宅での暮らしを継続する」ことは困難な状況であったわけです。

　まず私たちは、家族に個人情報の同意をいただいた上で、見守りの"目"を地域の中にたくさん創る実践を行いました。クライエントの暮らしに何らかの変化が生じた際、当事業所に直ぐに連絡が入る「経路」を確保するためです。また、独居高齢者の場合は、緊急

時における「連絡経路」の確保のみならず、日々の些細な変化を把握していく「ニーズキャッチシステム」の構築も不可欠です。日常変化の情報が事前にキャッチできるネットワークを創っておくことで、大きな課題を事前に回避することも可能となるからです。
　これらのことで職員は、クライエント宅への見守り訪問の回数を減らすことができました。クライエント宅の道を挟んで向かいにあるリサイクルショップの社長や、近隣住民、民生委員、児童登下校時の見守りボランティアに職員が手分けをして依頼に伺い、協力を約束してもらえたのです。
　登下校時の見守りボランティアの方々には、平日の夕方いつも見守りの場所まで歩いていかれる道程にクライエント宅があったものですから、クライエント宅の前を通った際の声かけや見守りを依頼しました。また、真夏の猛暑の折、家の前の歩道に腰をかけたまま30分以上動こうとされないので心配だと、近隣住民から当事業所に連絡が入ることもありました。すでに脱水症状が出ており、連絡をいただいておらねば、大変なことになっていたかもしれません。
　このように地域の見守りの"目"を増やし、地域の見守り"センサー"の精度を高めることは、独り暮らしの方の支援には不可欠であるといえます。また、見守りという行為は、地域住民にとっては幾分ハードルが低いのか、多くの方は、声をかければ快く引き受けてくれることが多いようです。
　ゴミの処理に関しては、毎週決まった時間に「ごみステーション」へゴミを出さなければならず、職員の負担となっていました。そこで、近隣住民の方へまずは、「クライエントの家の前（敷地内）にゴミを出しておきますので、可能な日は、ゴミ出しをお願いできますか？」と依頼しました。1人の方が快く引き受けて下さり、それが継続されると、「毎回私が出しておきますよ。前の日に用意だけ

しておいて下さい」とおっしゃっていただけるようになったのです。職員の負担は軽減し、地域住民による見守りの"目"をさらに増やすことにもつながりました。

　この実践は、イン（セミ）フォーマルな社会資源へアプローチを試みる際は、ハードルの低いところから依頼すると成功しやすいことを示唆しています。地域の住民や商店の方々の多くは、時間的な余裕が沢山あるわけではないため、はじめから過度な負担を依頼すると負担感や拒否感が強く断られる事例が多いのではないでしょうか。また、依頼をする私たちと依頼先との信頼関係が築けていない段階では、過度な依頼は不信感を増幅させてしまうだけではないでしょうか。その意味において、最初の段階では、負担の軽い依頼を行うことが要点です。まずは、継続して協力いただけることを第一義とし、敢えてハードルを下げて依頼する。その後の過程で構築された信頼関係や、クライエントに対する親密度の高さから、依頼先の状況に応じたさらなる協力を依頼していくことが"成功"の秘訣ではないかと思うのです。

　また本人にとって、自宅から数百メートル離れたコンビニエンスストアへ押し車で時間をかけて買い物に行くことが日課となっていました。財布からの金銭の出し入れが難しいことと、毎回同じ物を買われるので、賞味期限切れの食材が冷蔵庫の中に溢れていたこと、押し車で買い物するには狭い店内での方向転回や移動時に転倒のリスクがあったことから、①支払いの支援、②販売物の調整、③店内移動時の身守りをオーナーに依頼しました。

　オーナーは快諾下さり、そのことは店員にも浸透し、日常的な対応が始まりました。実はこのオーナー、一人暮らしの高齢者宅へ弁当代だけを徴収し、独自に「配食サービス」を展開していました。配送料は無料ですから、これは、無料という意での「サービス」です。

地域に対する働きかけを実践すれば、このような地域住民の顔と人柄、その活動や関係がみえてきます。それが新たな地域福祉活動の実践へとつながっていくのです。

　本事例では、庭の草取りと、畑の菜園活動も地域住民に協力を要請しました。家の目の前に畑と庭があり、元気な頃は、庭の手入れと畑の菜園活動は自身でされていた方です。認知症となり、体が思うように動かなくなったことで、庭と畑の手入れが困難な状況となっていました。夏になって庭と畑に雑草が生い茂る状態となり、当事業所や近隣住民、地域包括支援センターに何とかして欲しいと再三連絡があったのですが、金銭的に余裕はなく、かといって、職員で草取りの対応をする余力もありませんでした。

　そこで、ケアマネジャーが、本人と関係のある地域住民や近隣住民に協力を要請し、庭の草取りと畑の菜園活動が始まりました。協力者は、買い物時の見守り支援で協力いただいていたコンビニのオーナーと、日々の見守りを依頼していた民生委員、新たにかかわってもらった近隣住民2名の総勢4名の方々です。遠方に住んでいる家族が、活動に必要な道具・畑の苗を買い揃えて下さり、曜日毎に当番を決めました。無論、家の敷地に入っての活動ですので、これは、定期的な見守り活動や話し相手の活動にもつながる実践です。庭と畑は蘇えり、庭と畑を何とかして欲しいという本人からの連絡はぱったりとなくなりました。

　周知の通り、介護保険制度では、庭の草取りや畑の菜園活動は、制度上の実践としては位置づけられていません。しかし、クライエントの生活支援を鑑みると、これらの実践はクライエントの暮らしに無くてはならない取り組みであったといえます。制度や政策は、その立案・設計上、対象者やサービス内容における一定の標準化や画一化が否めないのが現状です。制度・政策は、個別の"誂え品"

ではありませんので、そこには必ず"穴"があります。つまり、制度・政策には限界があることをしっかりと認識した上で、それを補っていく実践が求められているのです。公的な責任の所在は明らかにしながらも、地域包括ケアにおける実践はそれを補う1つの方策であるともいえるかもしれません。

　続いて2つ目の事例を紹介します。要介護4（障害老人の日常生活自立度A1・認知症高齢者の日常生活自立度Ⅱa）の70代男性で、要支援の妻と、障がいのある娘の3人家族でした。その他の身寄りはいらっしゃらない状況でした。多くの問題を抱えていらっしゃる典型的な世帯です。また、事情あって、事業所から車で片道30分ほどの所に住んでおられ、多頻度による訪問が難しい状況にありました。この方の支援にもインフォーマルサポートの必要性を感じ、ケアマネジャーがその実践を試みました。

　今回は、当事業所から車で30分離れた地域ということもあって、事業所独自のイン（セミ）フォーマルなネットワークは皆無の状況で、その地域のイン（セミ）フォーマルな社会資源にどこから接近すべきか当初苦慮していました。個別支援と地域支援の対象圏域が同一でなければ、このように双方のネットワークを相互作用として活用することが困難となることが理解できるのではないでしょうか。そこで私たちは、地元の社協に地区ごとに登録されている地区担当ボランティアに声をかけさせてもらうことから始めました。社協の担当者に依頼し、協力してもらえそうな方に事前に当たりを付けてもらい、社協担当者立ち会いのもと説明会を開催し、協力してもらいたい事項の目的と内容について、ケアマネジャーが説明をしました。当事業所だけでは対応困難な以下3点の課題が現状として存在し、その内の1点だけでも引き受けてくれる方がいればとケアマネジャーは説明を続けました。

①言語および嚥下障がいがあることで、家族間で意思疎通が困難となっておりその仲立ちや見守り、家族構成からも軽微な家事支援が必要なこと、②本人の大切な日課に散歩があり、事業所来所中は、職員の見守り・一部介助によって事業所近隣を散歩しているが、自宅でも散歩の要望があり、時折一人で自宅周辺の散歩をされ転倒の危険性があること、③吸引機による自己吸引はできるが、吸引機のセッティングが困難であること。

　説明後、1人の方が協力してもよいと名乗りを上げてくれました。この方は高齢（女性）の方でしたが、長年介護の仕事に従事した経験のある方でした。私たちとしましては、①の活動を引き受けて下さる方が1人でもいればと説明の場に臨んだのですが、介護経験者ということもあり、①から③すべてに協力してもらえることとなったのです。

　②については、活動を開始する前にカンファレンスを開催し、訪問リハビリテーションの担当理学療法士とボランティアを担当してくれる方、当事業所ケアマネジャー・職員とで、散歩支援をする際の支援方法・支援内容・留意点を定めることにしました。どのような方法で、どこからどこまでの範囲であれば、ボランティアでも散歩支援が可能であるのかを専門家を交えて合意形成を図ったのです。このボランティアによるクライエントの支援内容をまとめたものが**図表3-13-2**となります。

　また、ボランティアの不安を解消するために、ボランティア活動ノートを活用し、活動内容に対する助言や、不安に対する励ましをケアマネジャーが行いました。初期のノートには、「不安でいっぱいだ」「いつまで続くかわからない」といった活動に対するマイナス要素の記述が多く見られていましたが、活動が継続されるにつれて、「ここに来るのが楽しい」「人の役に立つことが嬉しい」といっ

たプラス要素の表記に変わって行きました。

【図表3-13-2】「多くの問題」を抱えているクライエント支援に活用したイン（セミ）フォーマルな社会資源の例

サービス内容	提供頻度	提供者
お話し相手 家族間の意思疎通支援	週に2回	近隣住民 【社会福祉協議会登録ボランティア】
散歩支援	週に2回	
軽微な家事支援 （吸引機のセッティング・荷物の移動等）	週に2回	

　本事例の要点としては、①地域には必ず、素晴らしい資源があるということを支援者がしっかりと認識することが重要であること、②その地域でイン（セミ）フォーマルなネットワークを有しているフォーマルな社会資源（今回の事例では社協）を有効に活用して、間接的に、イン（セミ）フォーマルな社会資源に接近することも有効であること、③イン（セミ）フォーマルな社会資源を発掘し、クライエントの支援に結びつけ、それを維持・継続・発展する過程には、専門職のコーディネート力が不可欠であること、④当事業所以外の専門職にもチームに加わってもらい、インフォーマルサポートにおけるリスクを軽減させること、以上の重要性を示唆してくれていると受け止めています。

　①では、ある地域では福祉に理解がない等、支援者自身が地域に対してマイナスのイメージを固定化して抱いてしまうと、その後の地域との関係は明らかに良くならないでしょう。そうではなく、社会資源は必ずどこにでも存在しますので、この地域にも必ず良質な社会資源があることを支援者自身が信じることが重要です。

　②でもわかるように、イン（セミ）フォーマルとのつながりはもちろん重要なのですが、フォーマルな機関・事業所同士の平素からの連携も欠かせません。これからの介護福祉経営は、自らの法人・

施設の利することだけを考えて行われるものではあり得ません。クライエントの権利擁護のために、他法人・施設との連携の促進が必要不可欠となるでしょう。

　また、インフォーマルな社会資源の特徴として、「持続性や継続性、安定性に弱く、逆に、臨機応変性や融通性、即興性に富んでいるということです。その意味において、インフォーマルな社会資源は、その導入時のみならず、その後の維持・支持・管理の関わりを行わなければ継続が困難となる事例も多いようです」と叙述しました（第１章第３節第１項）。③では、そのインフォーマルの弱みを補うために、ケアマネジャーは「ボランティア活動ノート」を活用しています。このように導入してから定着するまで、さらに定着後の継続においても、その維持・管理の関わりが専門職には求められるのだと思われます。

　④では、クライエントの可能性への挑戦のために、そのリスクを最小限に抑える努力を行っています。また、この営みは、クライエントをリスクから守るのみならず、支援者自身のリスクも軽減することに通じています。そのためにも、私たちは常日頃から他施設・事業所の職員との連携を考えておく必要があるのです。

　最後に、２つの事例を通し改めて伝えるべきことがあります。事例のように、フォーマルなサポートネットワークのみならず、イン（セミ）フォーマルなサポートネットワーク双方を取り入れたソーシャルサポートネットワークを構築していくこともケアマネジメントの役割であるということです（**図表3-13-3**）。

　谷口明広氏によれば、「『ソーシャル・サポート・ネットワーク』とは、デイサービス事業やショートステイ事業などに代表されるような公的機関や専門家が提供する『フォーマルなサポートシステム（ネットワーク）』と、ボランティアや近隣者、そして家族に代表さ

【図表3-13-3】ソーシャルサポートネットワークの構築からまちづくりへ

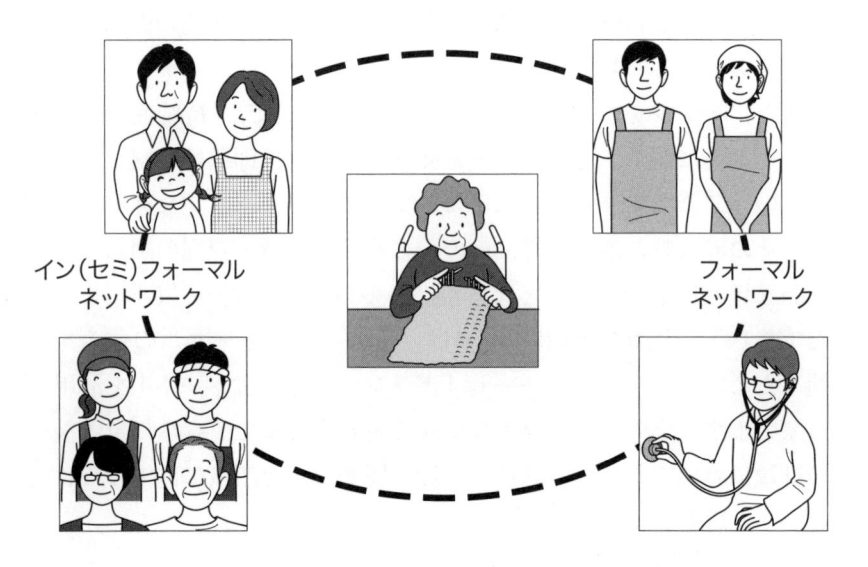

イン（セミ）フォーマル
ネットワーク

フォーマル
ネットワーク

れるような『インフォーマルなサポートシステム（ネットワーク）』を、ケース（ケア）マネジメントという方法を用いて、意図的に有機的結合を促進しながら、多面的にクライエントを援助していこうとする地域福祉のアプローチの一つである」とされています[※1]。あらゆる社会資源のネットワーク化を図る一つの方法がケアマネジメントであるといえるのかもしれません。

　また実は、私たちは、この事例で構築された地域住民との関係を、その他のクライエントの支援時にも活用したこともあります。私たちは事例を通して、今まで知り得なかった地域住民と出逢い、そして、その人々の活動や役割、関係を理解するに至りました。そして、それは地域住民の側から見ればまったく逆に、認知症高齢者の暮らしや、私たちの仕事に彼らは初めて接点を持つようになったともいえます。それは、冒頭より一貫して叙述してきた、まさに体験的理

解や学習を地域住民に促したことに帰結したといえるでしょう。
　いみじくも、渡辺晴子氏のソーシャルサポートネットワークの論述に次のような件が見受けられます。「地域社会に存在する援助資源を動員することだけでなく、生活者である個人と個人をとりまく家族、友人、近隣、ボランティア、セルフヘルプグループなどが主体となって、そのような援助関係の形成と統合を可能にする地域社会（福祉コミュニティ）へ変革することを目的とする」[※2]。このような実践こそが地域住民の意識を変えていくし、であればこそ、私たちはこのことを意図した実践を重ねていくべきなのです。

※1　谷口明広『現代福祉学レキシコン』雄山閣出版、PP.518-519、1993年
※2　渡辺晴子、日本地域福祉学会『新版　地域福祉事典』中央法規、PP.422-423、2006年9月

14 クライエントの役割の創出とストレングスモデルの実践

　第2章第2節「『主体的・能動的地域包括ケア』とストレングスモデル」の所で3つの事例を示して説明しましたので、ここでは事例の紹介は割愛させてもらいます。クライエントの強みを生かした役割を創出するためには、多様な関係性が重要であり、それは施設・事業所内のみでは実践が難しいことを論じました。

　私たちの組織でも次から次へと新たな事例が生まれています。最新の事例においては、戦争体験をクライエントが中学生に語るイベントを通して、クライエントの暮らしの質、そして、その話を聴いた教師や子どもたちにも影響を与えたものがあります。クライエントの暮らしの質が高まったことはもちろん、話を聴いた教師と子どもたちは戦争に対する思いを深め、さらには発表した認知症高齢者に対する思いまでもが変わったと口を揃えて当事者たちが語っています。このように、あらゆる可能性を信じ、選択肢を常に広げながらその実践を重ねれば、皆さんの地域でも同様の実践が十分になされるものと思われます。

15 地域住民に対する体験的学習の促進

　本項目は、私たちの取り組みの核心的部分であると言えます。地域には多くの生活課題を抱えて暮らす人々が存在します。私たちのクライエントを含めそれらの人々が、暮らしの場を自らが定め、そこで暮らし続けることに異議を唱える権利は誰にもないはずです。である以上、この人々は地域で当然に暮らし続けることになり、その暮らしを守るために、社会福祉サービスがあることとなるはずです。

　ですが、そのサービスが充足すればその暮らしが守られるとは必ずしも言えません。いわゆる生活は、質的・時間的に幅広く、社会福祉サービスのみで支え切れるものではないからです。であれば、そこには地域住民の理解や協力が不可欠となります。最低限の要件として、どのような人間であっても排他・排斥しないこと、これからの社会の在り方を考えた際に求められるべき要件としては、排他・排斥しないことはもとより、その支援や協力をすることにまで進展すれば、その地域はまさに、誰もが自分らしく安心して暮らせる地域社会へと発展していくといえるでしょう。

　このような地域社会を構築するためには、その理解と協力を促進させる地域住民への体験的な学習の促進が不可欠であると本書の至る所で叙述してきました。まさに、体験的学習を通して、地域住民の意識変革を促進することが私たちの最終的な目的としてあるわけです。クライエントの暮らしに触れてもらい、私たちの仕事に関わってもらう、地域住民に対するこれら体験的学習の機会を数多地域に創っていくことに重きを置いた実践を展開しています。

図表3-15-1～3-15-4をご覧ください。私たちは地域交流事業と称したまちづくりのイベントを事業所ごとに年に最低3回以上開催しています。

【図表3-15-1】向永谷夏祭り

（地域福祉センター向永谷）

【図表3-15-2】スタンプラリー

（地域福祉センター宮浦西）

【図表3-15-3】クライエントが調理した食事をクライエントが店頭で販売

（地域福祉センター宮浦西）

【図表3-15-4】クライエントの作品展

あくまでも私たちがこだわるのは、クライエント支援を中心に据えたまちづくり！（地域福祉センター向永谷）

　写真にあるように、そのイベントでは事業所のクライエントは必ず運営上の役割を担い、地域住民との関わりの機会を設けるようにしています。ステージに上がって歌を歌うことや、人々の輪に入って地域住民と踊ること、イベント時に合わせてクライエントの作品展を開催し、地域住民に披露することもあります。また、スタンプラリーでは、スタンプを押すのは決まって当事業所のクライエントが子どもたちに押印する役割を担っています。過日開催した餅つき大会では、販売した食事は、クライエントと職員で調理したものをそのクライエント自らが店頭に立って販売をしていました。

福祉施設のお祭りなどで普通に見かける好ましくない例として、地域住民が多く参加しているがそこにクライエントの姿が見えないものがあります。地域住民と職員が参加し、盛り上がっているが、クライエントは施設の中からお祭りを客体化してその盛り上がりを眺めている。こんな風景を見かけたことがよくありました。これでは、何のためのお祭りかわからなくなってしまいます。

　私たちに求められている地域交流の実践は、宣伝広告等の広報戦略や、省令で定められているルールがあるから行うものではありません。今一度、クライエントの暮らしの質を高めることを第一義とした実践を検討する必要があるのではないでしょうか。

　私たちの施設や事業所はクライエントの暮らしを守るためにあります。いわば施設・事業所の主役はクライエント自身です。そのクライエントの主体性のないイベントを行っても仕方がないと我々は考えているのです。その上で、地域住民との接点を多く設けることが重要です。

　しかし、順風満帆にその実践が継続されてきたものではありません。その都度創意工夫を重ねてこそ、その継続が成されています。事例を1つ用いて説明をしてみたいと思います。

　図表3-15-5は、当事業所が主催した音楽を通して交流を促進するイベントの風景です。地域の若い世代を地域活動に巻き込むために、高等学校の吹奏楽部の高校生に演奏をお願いしました。**図表3-15-5**を見ても、子どもの発表を見に来た両親が大勢参加しているのがわかります。

　じつは、この高校生の発表後、事業所のクライエントと地域住民との合同合唱が予定されていました。その際の写真が**図表3-15-6**となります。

【図表3-15-5】仁伍音楽祭①

【図表3-15-6】仁伍音楽祭②

あくまでも私たちがこだわるのは、クライエント支援を中心に据えたまちづくり！
（※いずれも地域福祉センター仁伍）

　いかがでしょうか。高校生の演奏が終わり次第、その両親たる若い世代は会場を後にしました。残された僅かな地域住民を前にクライエントと地域住民は合唱を行ったのです。幸い後片付けに残っていた高校生に観客の役割を担ってもらいその場を盛り上げることはできました。以上の反省から、職員による試行錯誤が始まりました。
　図表3-15-7を見てください。

【図表3-15-7】仁伍音楽祭③

クライエントの姿が見えるイベント運営を！（地域福祉センター仁伍・コミュニティセンター仁伍）

　まず、事業所のクライエントが合唱前に一言挨拶を述べています。「一生懸命練習したので是非聞いてください」。それから、合唱が始まります。そのときの聴衆は満員御礼の状況で、特に若い世代たちの姿が顕著なのがわかります。クライエントと地域住民の合唱が終わったら、今度は、保育園児との合唱に入ります（**図表3-15-8**）。

【図表3-15-8】仁伍音楽祭④

クライエントの姿を見ていただくために！（地域福祉センター仁伍・コミュニティセンター仁伍）

　若い聴衆のお目当ては、この保育園児による歌と踊りの発表でした。クライエントと保育園児との合唱が終われば、初めて保育園児

の単独発表が行われます（**図表3-15-9**）。

【図表3-15-9】仁伍音楽祭⑤

子どもが主役でもクライエントの役割はあるはず！（地域福祉センター仁伍・コミュニティセンター仁伍）

しかし、その発表が終わった後、今度はクライエントが贈答品を園児に配って歩いています（**図表3-15-10**）。

【図表3-15-10】仁伍音楽祭⑥

子どもが主役でもクライエントの役割はあるはず！（地域福祉センター仁伍・コミュニティセンター仁伍）

また、その後今度は高校生による演奏がありましたが、演奏後、クライエントが謝辞を述べて、贈答品を贈呈しています。それを若い人々も含めた多くの地域住民の前で展開しているのです（**図表3-15-11**）。

【図表3-15-11】仁伍音楽祭⑦

子どもが主役でもクライエントの役割はあるはず！（地域福祉センター仁伍・コミュニティセンター仁伍）

本文を認めながら、改めて私自身も思います。すべての実践にはそれぞれにその目的があるものです。その目的を組織内で共通理解を育みながら共有し、そのときその場の臨機応変な実践を重ねていくことがいかに重要であることか。あらゆる地域活動は、やれば良いと言うものではありません。その活動ごとの目的を共有し、その実践と目的の評価を行いながら、次の目的ある活動を重ねて行くものです。

ただ、それほど難しく考える必要もないと思います。**図表3-15-12**では、地域の防災訓練に当事業所も参加した際のものですが、避難訓練や消火訓練にはクライエントも参加しています。クライエントが担えることを"隠したり""取り上げたり"せず、地域のためにできることを遠慮せずに、決して後ろに控えることなく、あえていえば、前のめりの堂々たる活動をクライエントにしてもらえれば

【図表3-15-12】防災訓練の協働開催

クライエントの日常生活圏域を基盤に展開される地域密着型サービスは、地域住民が将来利用する可能性の最も高いサービスであると言える。コミュニティケアは住民自治にもつながる。

良いのです。私たちこそが、そのことを支援していくべきです。

　要介護高齢者・障がい者・要保護児童など地域で暮らしの課題を抱える人々の暮らしを、すべての地域住民が身近に感じ、ひいては、自らのこととして捉えていった帰結として、誰もが排他・排斥されず、自分らしく安心して暮らせる地域社会が生まれるのだと信じています。そのような社会変革の実践ができる潜在的能力を私たち福祉専門職は有していますし、実はクライエントにこそその力が備わっているのです。

16 長期ビジョンに基づいた実践

　社会の変革が100年の単位で緩やかになされていくように、まちづくりも最低10年〜20年のスパンで変化がなされていくものと思われます。社会も同様ですが、地域は今そこで暮らす人々だけのものではありません。これから生まれくる人々のためのものでもあるのです。そこが、個別支援と地域支援の大きな違いであると私は考えています。そうであれば、非常に長期の展望を持ってその実践を行う必要があります。

　1つは私たちの法人のように、「地域住民に対する体験的理解と学習の促進を通し、誰もが自分らしく安心して暮らせる地域社会を地域住民と共に構築する」といった地域福祉活動の長期的な目的・ビジョンの設定が各法人・施設においては求められています。

　そして、その長期目標に近づくための、日々の小さな実践をいかに展開していくのかを考えるのです。そのためには、小さな実践における毎回の評価は欠かせません。当法人でもいわゆる反省会を毎回開き、その結果と、地域住民に対するアンケートの集計結果の双方をもとに、次回の実践内容を検証することを繰り返し実施しています。また、反省会は、活動に主体的に参加した地域住民・ボランティア（我々の活動の特徴としては、地域住民とボランティアの境界が曖昧模糊であることが挙げられますが）と職員とで行うことが定着しています。

　反省会の内容は、単純に、活動をしてみて「良かったこと」と「悪かったこと」を1つずつ全員の前で発表するものです。そこで、職員と地域住民・ボランティアの活動に対する思いの共有を図ること

もできます。たとえば、過日のイベント反省会では、「紙飛行機づくり教室」で指南してくださった地域住民が、「子どもにばかり参加してもらっていたが、事業所利用者さんにはほとんど参加してもらえなかったのが反省です」と語っておられました。当事業所のイベント運営に対する狙いが共有できた瞬間だと少なからぬ感動とともに聞いていました。

　一度やったことを単純に繰り返すのではなく、大いなる目的に向かって、その目的に近づけるよう小さな活動の評価を日々繰り返し、活動の方法と内容を絶えず変更していく、その結果10年から20年後に、私たちのやっていることがどのような変化を地域に与えたのかを検証していくことが必要だろうと思われます。活動に当たっては是非、長期の目標・ビジョンを掲げて取り組んでいただきたいと思います。

第4章

ソーシャルワークの要諦
〔総括編〕

1 「社会変革」のすすめ方

　今、地域にはさまざまな課題を抱えて暮らす人々が存在します。たとえば、LGBT（性的少数者）の社会問題もあります。異性愛が中心の社会において、制度・政策のみならず社会の構造・価値規範から排除されている人々がいるのです。また本書では、矯正施設入所者の高齢化や"障がい化"が顕著であることも紹介しました（第1章第3節第2項）。そして、少し以前からにはなりますが、発達障がい者や高次脳機能障がい者支援の必要性についても認識が深まっている所です。これらは昨今初めて生まれ出た社会問題ではなく、旧来は黙殺・度外視されており、その問題自体が抑圧化・潜在化させられてきた帰結として、今このときに顕在化を果たした問題であると認識します。そう考えれば、社会の潮流は間違いなく、一部の人々の人権ではなく、すべての人々の人権を擁護する向きへと流れているといえます。

　要するに、「一部の犠牲はやむを得ない」と考えられてきた社会から、「多少の犠牲も許さない」社会への再構築が進んでいるのです。まさに、誰もが自分らしく安心して暮らせる社会の構築です。そんな現下の社会において、介護福祉施設は、まさに、このあるべき社会の構築に向けて最大限の寄与を果たしていくことでしょう。

　本書では、社会資源のネットワーク化や把握・発掘・創出の重要性を、ソーシャルワークの視点で一貫して描こうと努力してきました。社会資源のネットワーク化や、今求められている地域包括ケアの実践においてもそれを推進していくために最も必要な視点がソーシャルワークであると認識しているからです。クライエントとその

周囲を取り巻く社会環境とを峻別し、クライエントにのみ焦点化した実践を展開してきた旧来のケアワークの視点では、社会資源に対する積極的な接近及び地域包括ケアの実践は成し得ません。クライエントと社会環境との関係性、そして社会環境自体に対する関わりが今まさに求められているのです。

　私たちの仕事は、クライエントの権利を擁護することである。このことは多くの社会福祉実践者間において久しく共通の理解とされてきました。また、権利擁護はソーシャルワーカーの使命（mission）であるともいわれてきました。権利擁護にはさまざまな定義が見られますが、正統的な定義および考えを社会福祉士養成テキストより引用しておけば、

> 「アドボカシーとは、『(1) 他者の代弁や弁護を直接行うこと、(2) 社会福祉では、直接の支援及びエンパワメントを通して、個人やコミュニティーの権利を守ること』である。アドボカシーとは、社会的・法制的に自己の人生の主体者としての位置づけが奪われ、権利侵害行為の対象となったり、困難な生活環境におかれたりしている人たちの復権を目的として生まれた実践概念である。権利擁護では、利用者の主体性と利用者の主張及び権利獲得の過程が重視される」

ということになります※1。「主体者としての位置づけ」や「権利侵害」からの「復権」を目的としていると説明されています。また「エンパワメント」を通して行うことからも、社会環境への働きかけも視野に入れた概念であるといえるでしょう。

　私は、権利擁護には、次の３つの視点が欠かせないと日々考えています。

①権利侵害から守る（予防する）
②自己決定を支援する
③そのための社会環境を整えるために社会変革を行う

　たとえば、不適切なケアや虐待・拘束等の権利侵害を防ぎ、「主体者としての位置づけ」を守るために自己決定を最大限尊重することを支援することが、①と②であり、この2つが権利擁護の起点となる考え方であると認識しています。

　しかしながら、これらを遂行するためには当然に、周囲の社会環境を整える必要が強くあるわけです。自助機能のみでは、自らの暮らしの課題を克服できない状況下にあるクライエントの①と②を支援するためには、それを実現するための社会環境の整備が欠かせないことは想像に難しくはないはずです。つまり、社会変革やソーシャルアクションの視点がその実践の要諦として確認できるはずです。

　昨今、ケアワークの世界においても、パーソンセンタードケアが謳われています。そこでは、①と②について強く言われているのですが、実は、③の実践についてはそれほど語られていないように思われます。③の実践なくして、①②の実践は成し得ないにも拘わらず、です。私はここにケアワークの限界を感じています。

　また、1つ確認しておかねばならないことがあります。社会福祉士や精神保健福祉士の有資格者を含めたソーシャルワーカーはソーシャルワークの実践ができているのかという大きな問題についてです。ここでは、2005年6月高松市で開催された日本社会福祉士会全国大会における記念講演で、岩手県立大学のラジェンドラン・ムース氏が話した内容であり、講演中最も心証に残った一部をご紹介しましょう。

　氏はこう言います。「ソーシャルワーカーの目標はソーシャルチェンジを行うこと。ソーシャルチェンジとは、個人・グループ・地域

社会の変化を行うこと。ソーシャルワーク＝変化を行う道具である」と[※2]。そして、ムース氏は語り続けました。「その意味において日本に本物のソーシャルワーカーはいない」と。

　この講演で話されたムース氏の言葉が今も私の耳から離れません。ムース氏は、ソーシャルワークの要諦は、ソーシャルアクションだと言っているのです。しかしながら、日本のソーシャルワークには、それが見当たらないと言うのです。ここで確認しておきたいことは、少なくとも我が国においては、ソーシャルワーカーであってもソーシャルワークの実践ができていない可能性があるという事実です。つまり、今ソーシャルワークが求められているのは、ソーシャルワーカーも含めたすべての社会福祉専門職であり、その組織を運営する介護福祉経営者でもあるのです。

　ムース氏と同様、現代社会福祉辞典でも、ソーシャルアクションを次のように定義づけています。「社会的に弱い立場にある人の権利擁護を主体に、その必要に対する社会資源の創出、社会参加の促進、社会環境の改善、政策形成等、ソーシャルワーク過程の重要な援助および支援方法の一つである」と[※3]。要点は、社会的に弱い立場にある人、暮らしに課題を抱えているクライエントの視点に立った実践を行うこと、そしてその実践を行うために社会変革を行うことにあるでしょう。

　以上から、これからの社会福祉実践および介護福祉経営においてソーシャルワークの視点が必要であること、そして、その中でもクライエントの社会環境に働きかけるソーシャルアクションの実践が重要であることが確認されます。では、その実践をいかに行っていけばよいのかについて、理論と実践を交えながら検討を重ねてきたのが本書の一番の狙いでした。そして、実践論の中で一貫して論じてきたことは、クライエントの暮らしと、私たちの実践を地域に「ひ

第4章　ソーシャルワークの要諦〈総括編〉

らいて」いくことの必要性であり、そこで地域住民と多くの接点の機会を設けることにありました。そのことを通して、地域住民に体験的な学習を促進し、これらの地域の課題を身近に感じ、ひいては、自らのこととして捉えてもらうことを意図しているのです。

「誰もが自分らしく安心して暮らせる社会」構築のためには、暮らしに課題を抱え誰かの支援を必要とする人々の尊厳が守られている必要があります。このような、いわゆる少数派や「社会的に弱い立場にある」といわれる人々の暮らしを支援していくことが求められています。そして、そこにこそ私たち福祉専門職の面目躍如があります。

これから世界全体が目指すべき成熟した社会の在り方とは、このような実践が社会に根付いていることを前提としています。たとえば、ジャーナリストの本多勝一氏は、取材をする際の基本的態度について以下のように述べています。

>「アイヌとか在日朝鮮人とか、そういう人の生活がどうなっているかということをみると、その国の社会がうまくいっているかどうかが実によく出ている。だいたい少数民族が幸福な暮らしをしておれば、その国はうまくいっている、という大きな目安になるようです。アメリカ合州国なんかだと、これが黒人とか先住民とかプエルトリコとか、そういうことになってくるんですが、もし少数民族が不幸であれば、その国が表面的にはどういうきれいごとをいっておっても、ダメな国だということがいえると思います。いろんな矛盾というのは、そういう少数民族みたいな弱いところにいちばんよく出てくるわけです。これが、私の一つの原則的な態度です」[※4]。

本多氏と同様の視点を拠り所とし、クライエントの側から社会構造を点検し、その改善・変革を行うことによって、結果、社会におけるすべての構成員の社会福祉の向上に寄与すること、それこそがソーシャルワークであり、私たち社会福祉専門職および介護福祉経営者の役割ではないかと思うのです。

　しかしながら、社会変革における「変革」といえば少々過激な意味合いに捉えられてしまいがちです。その中で、私が考える変革とは、まさに「誰もが自分らしく安心して暮らせる社会」構築のための変革であり、それは多くの人々が目指すべき理想的な社会の在り方を模索したものです。

　また、「誰もが」という表現を掘り下げた場合、社会には多様な人々が暮らしていることに改めて気づかされます。中には、孤独を好まれる人、他者に無関心な人、誰かを排除し得る人もいるわけですから、その変革はまことにしなやかで緩やかなものになると思われます。まさに、多様性を認め合う中での変革が求められているのです。私は、唯一無二の正義や、真の事実などこの世には存在しないと考えてきました。100人いれば100通りの、正義と事実の捉え方があることこそが真実であると信じています。であるならば、私たちは、そのソーシャルアクションを起こす際には、これらの点に留意をする必要があります。

　以上をまとめれば、クライエントの代弁者たる我々に必ずしも正義があるわけではないということです。そのことを忘れてしまっては、今度は我々が「誰か」を排他・排斥する悲しい結果を導き出すこととなるでしょう。

　一方でいうまでもなく、社会変革を意図したソーシャルアクションにおいて求められているのは、たとえわずかであったとしても変化という結果を残すことでしょう。であれば、多様性を前提としな

がらも、考え方の異なる人々と緩やかに連携し、大局観を有しながら、あるべき方向に促進していくことも重要になってくるはずです。「君、地獄への道には善意が敷き詰められている」(サミュエル・ジョンソン)は、有名な言葉ですが、「正しい」拠り所に則ったソーシャルアクションを行ったからといって、「正しい」結果が得られるわけではないのでしょう。多様な人々との対話を重ねながらも、あるべき変化につながるようその結果を常に意図する必要があります。ソーシャルアクションには結果が求められているということですし、そのことを意図した方法を我々は丁寧に模索する必要があります。

　まさに、これからのソーシャルアクションには結果を出すことが求められているのだと私は考えています。その意味で、周囲からどう思われても良い、自身の信念だけを貫き通せば良いという、活動の在り方は終末期に来ているように思われます。これからのソーシャルアクションは、グレーを貫き通して行うものであると朧げながら理解しています。白か黒かを敢えてはっきりさせることなく、あえて清濁併せ呑んででも進んでいくことが重要であると。

　ただし、同時に重要になってくるのが、そうでありながらも自身の立ち位置は白なのか黒なのかをはっきりと信念として持ち合わせておくことです。恐らくは、クライエント、いやすべての人々の権利擁護がその立ち位置に当たるのかもしれません。そのことによって、グレーのまま活動を行うのは良いのですが、どうしても妥協できない領域を認識しながら実践することが可能になります。つまり、自身は白の立場であり、そのことを踏まえてグレーの実践に参画している場合は、限りなく黒に近いグレーには乗れないはずです。その場合は、信念を貫き通して、その"テーブル"からは降りるべきでしょう。

　ある程度成熟した社会においては、一刀両断に判断できる物事は

少なくなっているはずです。その意味においては、歯切れよく敵を攻撃するタイプのリーダー像はそのうち通用しなくなるでしょう。相手には相手の立場がある。そこへ慮りながらも信念を持って対話を重ね、妥協点を見つける作業を繰り返すことで変化という結果を出すこと。このような実践のできるリーダーこそが社会に幸福をもたらすでしょうし、そのようなソーシャルアクションの在り方がこれからの社会には相応しいのではないでしょうか。信念を貫く勇気と同時に、柔軟性と曖昧性の持てる勇気ある実践が求められているのです。私の考えている変革とは、妥協と忍耐の連続であると思っていますし、そのような地道で強かな実践を積み上げてこそ、変革はなされていくであろうと考えているのです。社会変革を意図したソーシャルアクションの重要性を説きましたが、その方法は、慎重かつ熟慮の上に実践を行っていく必要があることを最後に確認しておきたいと思います。

　私たちの法人の名前は、「地域の絆」といいます。法人の設立は2006年2月ですから、巷で「絆」が流行する少し前から「絆」を用いていたことになります。私が法人名に「絆」を用いた意図は、社会の構成員である以上すべての人々はすでにどこかでつながっていること、その当たり前のことを常に念頭に置いた実践を展開しようと考えたからです。本書「はじめに」の箇所で叙述したように、誰かの喜びは私たちの喜びに、誰かの悲しみは私たちの悲しみにつながっていること、私益と公益は必ずつながっていること、それを地域の中で可視化・顕在化させていく活動を行っていきたいという夢と希望を込めて付けられた名前です。

　その後、ある文献に書かれていた次の成句を見て、この「絆」という言葉が益々好きになりました。「絆には『傷』が含まれている」[※5]。奥田知志氏によれば、「絆」は、私たちが傷つけ合うことを避けて

いては生まれないというのです。実践家として、まさに感慨深いものがありました。

　そもそも地域には多様な人々が暮らしているのです。その人々が絆を紡ぐためには、多様な人々が出逢って、関わり、接点を持つことがその始まりであると本書でも説明をしました。しかし、多様であることは、人々が関わるということは、つまり、生まれ育った環境・生育歴・思想・性格・感覚の異なった人々が関わるということであり、そこにさまざまな軋轢が生じることが容易に予想されます。自分と異なる個性を有する他者と共に関わり・活動を続ける中で、ときに意見の違いから口論になることもあるでしょうし、そのような軋轢を避けるためにときに他者の意見に合わせる活動を行うこともあるでしょう。人々が対立・妥協を繰り返す忍耐の中でこそ、絆は紡がれていくのです。逆に、それを避けている内は、絆はきっと構成されないのでしょう。

　これは組織内の人々の関わりにもいえることかも知れませんが、私たちが地域住民との関わりを持つ際の重要な示唆としても受け止めるべきです。人々が絆を紡ぐ過程には、「傷つけ合う」ことが避けられないことを念頭に、私たちは地域住民と関わるべきなのです。ネットワークの構築において、地域住民との関わりにおいて、さまざまな対立・軋轢などの問題が生じることは自明の理です。大事なことは、その問題は、絆を紡ぐための必要な過程であると認識することにあります。

　また、これらさまざまな問題には、必ず理由や要因があるものです。それらを知ることによって、私たちはお互いの理解をより深めることや、地域の課題を認識することができるのだと思います。まさに、問題は、未来の実践に向けての好機へと変貌を遂げるものです。いかなる問題が生じても、諦めずに実践を続けていただきたい

と願います。そして、その地道な実践を通して、このような過程を経ることでしか「地域の絆」は紡げないのです。

　最後に、ネットワークは、限定された圏域や分野内だけで完結させるものではありません。むしろ、より外部に「ひらいて」人々がつながってこそ、その真なる力を発揮するものです。本書が、この広域で幅広い人々の繋がりを促進し、そして、「誰もが自分らしく安心して暮らせる社会」構築のためのわずかな一助になることができれば幸いです。

※1　福島喜代子『6　相談援助の基盤と専門職　第2版』中央法規P.100　2010年2月
※2　ラジェンドラン・ムース「アジアにおける日本のソーシャルワーカーの役割」第13回日本社会福祉士会全国大会・社会福祉士学会　記念講演　2005年6月4日（土）サンポート高松
※3　野口定久『現代社会福祉辞典』有斐閣（CD版）2003年
※4　本多勝一「海外取材の旅」『本多勝一集18』朝日新聞社、P.75、1995年12月
※5　奥田知志『もう、ひとりにさせない』いのちのことば社、PP.209-211、2011年7月
　「自己責任社会は、自分たちの『安心・安全』を最優先することで、リスクを回避した。そのために『自己責任』という言葉を巧妙に用い、他者との関わりを回避し続けた。そして、私たちは安全になったが、だれかのために傷つくことをしなくなり、そして無縁化した。長年支援の現場で確認し続けたことは、絆には『傷』が含まれているという事実だ。ランドセルを贈ることは容易ではない。費用がかかるし、何よりも勇気がいったと思う。本当にありがたく、温かい。ただ私は『タイガーマスクじゃあ、もったいないなあ』と思っている。タイガーマスクに申し上げたい。できるならば、あともう一歩踏み込んで、あと一つ傷を増やしてみませんかと。（中略）傷つくことなしにだれかと出会い、絆を結ぶことはできない。出会ったら『出会った責任』が発生する。だれかが自分のために傷ついてくれる時、私たちは自分は生きていてよいのだと確認する。同様に、自分が傷つくことによってだれかがいやされるなら、自分が生きる意味を見いだせる。自己有用感や自己尊重意識にとって、他者性と『きず』はかくべからざるものなのだ。（中略）絆とは傷つくという恵みである」

コラム⑤ 自己責任論と「地域の絆」

　以下は、ホームレス支援のための小中学生向けセミナーでの出来事を奥田知志氏本人が綴ったものです。
　「『学校でしんどいことがあったら、「助けて」と言っていいんだよ。「助けて」といったら、「何を甘えているんだ」と言う人もいるかもしれない。しかし、「うちにおいで」と言ってくれる人も必ずいるよ。ともかく助けてと言いなさい』と語りかけると、涙を浮かべている子どもがいた。子どもたちは『助けて』といえない、いわばホームレス状態に置かれているのだ。だれが子どもをここまで追い込んだのか。それは、私を含めた大人たちだ。大人たちが『助けて』と言わなくなったから、子どもたちが『助けて』と言わなく、いや、言えなくなったのだ。それでいいのだろうか」※1。奥田氏は人々が「助けて」と言えなくなった要因は、自己責任論の蔓延にあると論じています。
　私もまったく同様に感じます。若者が仕事に就けないこと、多重多額債務に陥っていること、福島の第一原発の周辺に住んでいたこと、東日本大震災の被災地に住んでいたこと、ホームレス状態におかれていること、これらはすべて個人の責任で解決しなければならない問題なのでしょうか。
　では自己責任論を全うして生きている人は、世の中に存在するのでしょうか。自己責任論を唱える人々は、その体現者なのでしょうか。誰が考えてもわかるはずです。無人島で一人暮らしをしていらっしゃる方を除いて、誰一人としてその体現者は存在しません。いや、無人島の一人暮らしでさえ、実はさまざ

まな文明の力を用いていることが多くこれも厳密にいえば自己責任論の体現者とはいえないようです。

問題は大きく2つあります。1つは、論理的に破綻している言葉がよく用いられていること、2つ目に、それを政府の側がよく口にすることです。国や、民族、地域と言った社会の中で生きている以上、自己責任論はどこにも存在しません。その言葉が多用されていること自体、残念ながら我が国が成熟した社会ではないことを国際社会に示すことになりやしないかと危惧しております。政府がこの言葉を用いることは、政府自身がその「自己責任」を放棄しているという意味においても、二重の論理的破綻を招いています。

この社会で暮らす以上、私たちは支え合うことを忌避してはなりません。そして、そのあり方は、実に多様であるはずですし、そのためには、一人一人の多様な個性と能力を尊重する社会の規範が必要です。人は誰かを支え、また誰かに支えられて生きている。それは、たとえ社会福祉サービスを利用するクライエントであっても同様です。クライエントが誰かを支えることも当然のこととしてあるのです。この当たり前のことを、地域の中で顕在化・可視化させていくことが私たち「地域の絆」の使命であると思っています。

そう考えれば、自己責任論なるものは、「地域の絆」とはまったくの逆機能を果すことになります。少なくとも、福祉サービスの申請者・受給者を減らすことに作用することでしょう。福祉サービスを利用する状況に至ったのは、自身の責任だと自己責任論は人々を抑圧するからです。支え合う社会を自己責任論

は否定します。支えられる原因を作ったのは自分なのだから、自分に責任があると圧力をかけるのです。だから、認知症の問題でも、本人が、そして家族が何とかすべきだとの意識が未だ根強く存在するのです。であるならば、これは社会福祉実践家の使命である権利擁護とも対立する概念であることが確認されます。そのような「自己責任論」なる言葉を、少なくとも、社会福祉実践家が信仰するようなことだけはないようにお願いしたいものです。

※1 奥田知志『もう、ひとりにさせない』いのちのことば社、PP.173-174、2011年7月

コラム⑥　福祉車両にはステッカーを堂々と貼りなさい

　特に介護保険制度が創設されて以降、社会福祉サービスの多様化が顕著であります。これ自体は、歓迎されるべきことであり、クライエントの多様なニーズに応え得る良質な実践へとつながるものと喜んでいるところです。しかし、中には思わず、首を傾げたくなるサービスも御見受けします。社会福祉施設を利用していることを近隣住民に知られたくないので、施設のステッカーを全て送迎車両から外した状態で来てもらいたいとの要望に対して、いわゆる福祉車両のそれがわからぬようステッカーを外して送迎をしている施設が数多あるようです。このことは、クライエントや家族のニーズに柔軟に対応したサービスと一部評されてもいるようですね。そのためか、ノンステッカーの福祉車両を昨今よく目にします。

　人々が社会で暮らす上で、そこには当然にさまざまな困難や課題が生じてきます。そんな時に、その理由いかんによらず、最低限の生存権と尊厳の保障が成されているのが我が国であるはずです。つまり、医療も当然ながら、社会福祉サービスを受けることは国民の当然の権利としてあるわけです。その当然の権利を行使するに当たって、人目を憚ってでしか、そのサービスの受給ができないことにこそ問題を感じずにはいられません。本人の意志だからと、サービス提供者は思っているのかも知れません。しかし、その本人の願いは、どのような社会的背景から生じているのかまで考えたのでしょうか。昔は根強く存在していた「福祉の世話になったら終わりだ」という意識が、

社会の中で払拭されていないことがその背景にあると私は考えます。要するに、偏見のまなざしで見られるであろう人目があるからこそ、ステッカーを拒否するのであって、社会福祉サービスを受給するのは国民の当たり前の権利だと周囲が十分理解したまなざしで見るのであればステッカーの拒否などあり得ないわけです。

　このように考えれば、私たち社会福祉実践家がなすべきは、クライエントの暮らしに不可欠な社会福祉サービスをクライエントが人目を憚ることなく堂々と利用できる社会を構築することにこそあるといえます。社会福祉サービスの受給に対するスティグマを押されたままの状態で隠すのではなく、むしろ、そのスティグマを払拭するべく行動を起こす必要があるのではないでしょうか。であればこそ、私は考えます。福祉車両のステッカーは、むしろ、それがわかるように大々的に貼っておけばよろしい。

あとがき

　本書のテーマは、個別支援と地域支援の関係を整理すること、そして、私たちがその双方とどのように向き合うべきかにありました。クライエントに焦点化したケアの視点に終始せず、その背景にある地域に裾野を広げるべく実践事例を多用しながら検討を重ねてきたのが本書です。今後益々、社会福祉実践家は、クライエントのみならず、その周囲の社会環境と向き合うことが避けられない時代になると私は考えています。介護福祉経営者も、そこから逃れることはできないのではないでしょうか。

　しかし、現下の社会環境と向き合うことは正直重荷でもあります。余りにも問題が山積し過ぎているのです。コミュニティの崩壊に象徴される人々の無関心化が進み、経済的格差の帰結とそれが相まった課題が地域に溢れ返っています。そのような課題と日々向き合いながら時折考えるのです。我が国は、本当に世界第3位の経済大国なのだろうかと。これほどの経済大国でありながら、なぜに人々の暮らしには、これほどまでの課題が山積しているのでしょうか。これ以上考えれば、社会福祉の実践を越えてしまうのですが、これからの社会福祉実践家や、介護福祉施設経営者はこのようなマクロな視点も有してその実践を行うべきだというのが私の持論です。

　昨年亡くなった祖父は、社会福祉実践家でした。彼の実践と私のそれにはまったく接点がありませんでしたが、彼がどのような実践を行っていたのかは一部見聞しています。保育園の運営に長年従事していた彼は、理論こそ不在の人でしたが、子どもの権利と成長を最優先に実践をしていたようです。具体的には、園児にナイフを持たせて竹を削り両親にお箸を作ることや、山羊や鶏、兎はもちろん、ときには狸も飼育して、それを園児たちと一緒に世話をしていまし

た。よく、園児たちを山羊の下に座らせて、園児の開けた口を目がけて山羊の乳を絞り出していたのを思い出します。蛇を見ても怖がるような園児はほとんどいないそんな保育園を運営していたのです。

　昨今の保育の在り方はどうでしょうか。「子どもたちの安全」が優先され、多くの保育園は不審者が入れぬよう敷地には施錠が徹底され、砂場も含めたあらゆるものが消毒され、動物もほとんど飼われず、「危ない」活動からは遠ざける、そんな保育が展開されているのではないでしょうか。このようなことが、本当に子どもたちの「安全」につながるのだろうか、自身は首を傾げたくなります。自然の摂理を学習する機会や、危険を察知する機会、菌を含めたあらゆる困難に対する抵抗力を培う機会等、子どもの成長に必要不可欠な、むしろその機会が奪われることこそが、子どもたちの安全を奪っている、このような保育は一体誰の「安全」のために行われているのだろうかと。

　このように、私たちの社会福祉実践やその経営は、社会の価値規範や構造の影響を多分に受けるものであると言えます。私は、その流れに忠実に乗って流されていくことが、社会福祉実践家や介護福祉経営者の役割ではないと考えています。クライエントの暮らしを中心に据えながら、ときにその社会の流れに対峙していく勇気を持ち続けたいものです。

　そして、私の中にあるこの大いなる勇気は、大切な仲間によって支えられ守られてきました。本書で示した実践事例は、私たちの法人における多くの実践のほんの一部でしかありません。しかし、すべては当法人の職員によって積み上げられてきたものです。私が勇気を持ち続けて、介護福祉経営者としての実践を重ねていけるのも、その勇気を与えてくれる仲間がいるからでした。その意味において、本書は当法人、「特定非営利活動法人　地域の絆」の全職員に感謝の意を込めて捧げたいと思います。そして、分野は異なれども、友

と呼べる私が最も尊敬する研究者、慶應義塾大学経済学部の井手英策教授にも多くの気づきと学びの機会をいただきました。本書には、その機会で得られた示唆がいたる所に鏤(ちりば)められています。この場をお借りして御礼を述べたいと思います。

　これから私たちの進むべき道のりは決して平坦ではないでしょう。であればこそ、私たちに必要なことは、叡智の結集であり、人々の深くて広い連携にあると思われます。本書を通して、私も多くの皆さんとの連携を熱願しておりますことをお伝えし、この度の筆を擱(お)くことにします。

●著者略歴

中島　康晴（なかしま　やすはる）

■現職

特定非営利活動法人地域の絆　代表理事

広島県認知症介護指導者

公益社団法人　広島県社会福祉士会　会長

福山平成大学　非常勤講師（『社会福祉援助技術』）2007年度～2013年度

■略歴

1973年10月6日生まれ。主な職歴は、生活相談員（デイサービス）、介護職リーダー（介護老人保健施設）、管理者（デイサービス・グループホーム）。福祉専門職がまちづくりに関与していく実践の必要性を感じ、2006年2月特定非営利活動法人地域の絆を設立。現在、広島県内で8か所の地域密着型サービス事業所を開設運営。

社会福祉士・介護福祉士・精神保健福祉士・介護支援専門員。

2008～2010年度　認知症介護研究・研修仙台センター「地域連携」担当講師。

現在、東北大学大学院教育学研究科　博士課程　在学中、2014年度～。

■住所

【勤務先】

特定非営利活動法人地域の絆

〒720-0082　広島県福山市木之庄町4-4-26

TEL 084-928-0503　FAX 084-983-2803

E-mail：nakasima@npokizuna.jp

Web：http://www.npokizuna.jp/

Blog：http://npokizuna.jp/?cn=100018

「代表　中島康晴のブログ」では、社会福祉や社会に対するさまざまな思いを掲載しています。

Facebook：https://www.facebook.com/yasuharu.nakasima

Twitter：https://twitter.com/NAKASIMAyasu

■主な執筆活動

「成功する小規模多機能型居宅介護の運営」『介護ビジョン』株式会社日本医療企画、2008年9月号〜2010年3月号

「地域に密着したサービスを生む『地域交流事業』の取り組み・実践のコツ」『通所介護&リハ』株式会社日総研出版、2010年3月号、P.35〜42

「まちづくりとしての小規模多機能ケア」『介護ビジョン』株式会社日本医療企画、2010年4月号〜2011年3月号

「小規模多機能型居宅介護編」『施設ケアプランと記録の教室』株式会社日総研出版、2010年9月号、P.24〜31

「事例で学ぶ！地域連携ネットワーク―いかに地域とのかかわりを持つのか」『支援・生活相談員』株式会社日総研出版、2010年11月号、P.59〜70

「まちづくりの拠点となる施設〜地域を一体的にとらえた対人援助活動の実践」『達人ケアマネ』株式会社日総研出版、2011年6月号、P.2〜7

「経営者・管理者のための中島流人材マネジメント講座」『デイの経営と運営』株式会社QOLサービス、2011年7月号〜2012年3月号

「地域社会との関係性を大切にした外出支援で認知症高齢者の生活が安定【要介護4】」『施設ケアプランと記録の教室』株式会社日総研出版、2011年11月号、P.29〜33

「通所サービス事業所として地域社会と連携する・地域に貢献するということ」『通所介護&リハ』株式会社日総研出版、2013年1月号、P.7〜15

「『地域包括ケアシステム』の中で認知症の人とどうかかわる？〜認知症ケアの位置づけとケアマネジメント視点〜」『達人ケアマネ』株式会社日総研出版、2013年4月号、P.8〜16

「ソーシャルワーカーが担うべきソーシャルアクションの実践形態」『地域ケアリング』株式会社北隆館、2014年6月号、P.15〜23

■講演活動

年間平均50〜60回

- ●表紙デザイン／梅津幸貴
- ●編集協力／（株）東京コア
- ●本文DTP ／（株）ワイズファクトリー

介護福祉経営士　実行力テキストシリーズ7
よくわかる
地域包括ケアの理論と実践──社会資源活用術

2014年6月16日　初版第1刷発行

著　者　中島　康晴
発行者　林　諄
発行所　株式会社 日本医療企画
　　　　〒101-0033　東京都千代田区神田岩本町4-14
　　　　　　　　　　神田平成ビル
　　　　　　　　　　TEL 03（3256）2861（代表）
　　　　　　　　　　FAX03（3256）2865
　　　　　　　　　　http://www.jmp.co.jp/
印刷所　大日本印刷株式会社

ISBN978-4-86439-265-5 C3034　©Yasuharu Nakasima 2014, Printed in Japan
（定価は表紙に表示しています）